HISTÓRIA

do SEXO

SEM as partes chatas

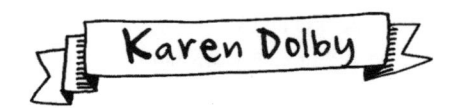

HISTÓRIA
do SEXO
SEM as partes
chatas

tradução

Marcelo Brandão Cipolla

**Editora
Cultrix**
SÃO PAULO

Título original: *History's Naughty Bits*

Copyright © 2013, Michael O'Mara Books Limited

Copyright da edição brasileira © 2016, Editora Pensamento-Cultrix Ltda.

Publicado originalmente por Michael O'Mara Books Limited.

Texto de acordo com as novas regras ortográficas da língua portuguesa.

1ª edição 2016.

A Editora Cultrix não se responsabiliza por eventuais mudanças ocorridas nos endereços convencionais ou eletrônicos citados neste livro.

Coordenação editorial: Manoel Lauand

Edição de texto e revisão técnica: Adilson Silva Ramachandra

Capa: Suzana Riedel Dereti

Editoração eletrônica: Estúdio Sambaqui

DADOS INTERNACIONAIS DE CATALOGAÇÃO NA PUBLICAÇÃO (CIP)
(CÂMARA BRASILEIRA DO LIVRO, SP, BRASIL)

Dolby, Karen
    A história do sexo : sem as partes chatas / Karen Dolby ; tradução Marcelo Brandão Cipolla. -- 1. ed. -- São Paulo : Cultrix, 2016.

Título original: History`s naughty bits.
Bibliografia.

ISBN 978-85-316-1359-3

1. Sexo - Costumes - História 2. Sexo - História I. Título.

16-04394   CDD-909

Índices para catálogo sistemático:
1. Sexo : Civilização : História 909

Direitos de tradução para o Brasil adquiridos com exclusividade pela
EDITORA PENSAMENTO-CULTRIX LTDA.,
que se reserva a propriedade literária desta tradução.
R. Dr. Mário Vicente, 368 – 04270-000 – São Paulo, SP
Fone: (11) 2066-9000 – Fax: (11) 2066-9008
E-mail: atendimento@editoracultrix.com.br
http://www.editoracultrix.com.br
Foi feito o depósito legal.

Sumário

INTRODUÇÃO

PHILIP LARKIN, em seu poema "Annus Mirabilis", escreveu alguns dos versos mais espirituosos sobre a revolução sexual[1].

Será que ele tinha razão? Será que a liberação sexual realmente começou na década de 1960, com o amor livre, a invenção da pílula anticoncepcional e aquela poderosa mistura de sexo, drogas e *rock and roll*? Ou será que já começara na década de 1950, quando a disseminação da penicilina reduziu o perigo das infecções devidas ao "comportamento arriscado" e foi, por coincidência ou não, acompanhada por um pico no número de nascimentos ilegítimos e casos de gonorreia?

Mas e a liberdade em relação às convenções na época da Segunda Guerra Mundial — um relaxamento da moral, já que, afinal de contas, para que mantê-la quando todos poderiam estar mortos na manhã seguinte? Mas antes disso já houvera a Primeira Guerra Mundial e a pandemia de gripe espanhola de 1918, cujos

---

1 Uma tradução literal do poema: "As relações sexuais começaram / Em mil novecentos e sessenta e três / (Tarde demais para mim) — / Entre o fim da censura a 'Chatterley' / E o primeiro LP dos Beatles. // Até então só houvera / Uma espécie de barganha, / Uma luta pela aliança de casamento, / Uma vergonha que começava aos dezesseis / E tomava conta de tudo. // Então, de repente, a briga terminou: / Todos se sentiam do mesmo modo / E todas as vidas se tornaram / Uma brilhante quebra da banca, / Um jogo impossível de perder. // Ou seja, a vida nunca foi melhor do que / Em mil novecentos e sessenta e três / (Embora meio tarde para mim) — / Entre o fim da censura a 'Chatterley' / E o primeiro LP dos Beatles." (N. do T.)

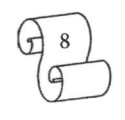

sortudos sobreviventes inauguraram uma era de vale-tudo entre a juventude dourada.

Voltemos um pouco mais na história. Será que as coisas realmente eram tão diferentes nas décadas ou mesmo nos milênios anteriores? Os arqueólogos do século XVIII que escavaram as antigas cidades romanas de Pompeia e Herculano descobriram um sem-número de obras de arte fálicas e afrescos eróticos. Basta mergulhar um pouquinho mais fundo no lado mais devasso da história para perceber que os seres humanos sempre foram obcecados por sexo. Por causa do sexo, reinos foram conquistados e perdidos, fortunas foram adquiridas e reputações foram arruinadas.

Se você ainda tem dúvidas acerca da nossa antiquíssima obsessão pelo sexo, vamos retroceder um pouco mais. Quarenta mil anos atrás, quando o homem pré-histórico lutava para sobreviver à Idade do Gelo, morando em cavernas e travando uma batalha constante contra a falta de alimentos e os ataques de animais selvagens, ele ainda arranjava tempo para esculpir estatuetas de Vênus — que existem até hoje às centenas — com seios protuberantes e nádegas exageradas. Essas estatuetas não eram feitas para ser vistas, mas para ser pegas na mão, e não parecem ter tido nenhuma finalidade prática exceto a de cultuar um símbolo de fertilidade e coligado prazer sexual. Cada geração vê as gerações anteriores como antiquadas, piegas, pudicas, inibidas e até tediosas, mas isso simplesmente não é verdade. Desde o primeiro pornógrafo até o primeiro caso registrado de autoasfixia erótica, começando na Antiguidade e passando pelos santos católicos — e, é claro, pelos pecadores (vistos assim pelo ponto de vista da Igreja, claro) — da Idade Média, os poetas e cafetinas da Renascença, os descaminhos da nobreza e o animado submundo dos georgianos e vitorianos, *História do Sexo Sem as Partes Chatas* lança um olhar atento ao que estava realmente acontecendo em cada um destes períodos históricos — tanto entre quatro paredes quanto diante dos olhos do mundo.

Como escreveu Ricardo de Devizes, monge e cronista do século XII: "Atores, comediantes, jovens de pele aveludada, mouros, baju-

ladores, meninos bonitos, efeminados, pederastas, cantoras e dançarinas, curandeiros, dançarinas do ventre, feiticeiras, chantagistas,
boêmios, mágicos, mímicos, mendigos, bufões: essas tribos enchem
todas as casas." E o fazem desde tempos imemoriais e continuarão
enchendo-as enquanto houver homens e mulheres vivos em busca
de amor carnal, ou simplesmente dispostos a uma bela sacanagem.

UMA EDUCAÇÃO CLÁSSICA

Dá-me mil beijos, depois cem, depois mais mil.
Catulo, poeta romano, século I a.C.

TALVEZ OS ESCRITORES CLÁSSICOS não tenham inventado o sexo, mas foram os primeiros a documentá-lo em detalhes picantes e interessantes — hummm, ai que vontade! Bem, como comentou o rei-filósofo Salomão há quase 3000 anos, "Não há nada de novo sob o sol". Essa teoria parece ter sido confirmada pelos gregos e romanos: por mais pervertida ou estranha que seja uma prática sexual, é quase certo que eles a experimentaram primeiro. Não é por coincidência que muitas palavras modernas ligadas ao sexo — desde "afrodisíaco" e "erotismo" até "ninfomania" e "zoofilia" — têm origem grega... Safadinhos eles, hein, caros leitores?!

UM MUNDO DE HOMENS

A Grécia clássica era um lugar ótimo para os homens, mas não tão bom para as mulheres — pelo menos para as respeitáveis, de quem se esperava que se mantivessem castas e quase não fossem vistas em público. As casadas geralmente ficavam em casa com outras mulheres enquanto seus maridos saíam com os amigos. As esposas raramente jantavam com seus cônjuges e, quando havia visitas em casa, aí é que não jantavam mesmo.

Em geral, as mulheres não eram tidas em alta consideração pelos gregos da antiguidade. Seus direitos jurídicos e políticos eram mínimos. Para termos uma ideia de como eram vistas, basta olharmos para as imperfeições das deusas gregas e para as malévolas anti-heroínas da ficção grega: a vingativa Medeia de Eurípides, que assassinou e esquartejou o irmão, é apenas um exemplo entre vários. Para muitos homens, o único objetivo do casamento era gerar herdeiros

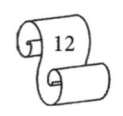

legítimos. Por tudo isso, não admira que as mulheres mais dispostas a viver com relativa liberdade se sentissem atraídas pela profissão de cortesã. Porné era uma prostituta comum, e há uma grande probabilidade de que sua origem tenha ligação com o verbo *pernumi*, que significa "vender", o que seria autoexplicativo. Contudo, as cortesãs dos ricos eram chamadas de *hetairas*, geralmente dotadas de uma beleza excepcional, eram bem-educadas, letradas, altamente cultas e respeitadas, ocupando na sociedade uma posição parecida com as das amantes dos reis na Europa pós-renascentista. No século IV a.C., o estadista e orador ateniense Demóstenes escreveu: "Temos as hetairas para o nosso prazer, concubinas para nossas necessidades diárias e esposas para nos dar herdeiros legítimos e supervisionar as tarefas domésticas." Algumas hetairas alcançaram altas posições no mundo grego, como Aspásia, famosa por ter escrito alguns discursos de Péricles e ser uma filósofa sofista, e Diotima de Mantinea, que, ao lado de Aspásia, teriam sido para Sócrates as mais importantes personalidades de sua vida, por orientá-lo em seu desenvolvimento intelectual, filosófico e retórico. Frineia, uma das mais famosas desta casta de mulheres, salvou-se de ser condenada à morte, ao ser julgada no areópago por ter profanado um templo. Os que a defendiam, alegaram que uma beleza tão exuberante como aquela não deveria ser destruída de forma alguma.

HOJE ESTOU COM DOR DE CABEÇA, QUERIDO

A ausência de relacionamento social entre maridos e mulheres impactou a taxa de natalidade: ter uma família numerosa era uma coisa praticamente desconhecida no período helenístico. Xenofonte, historiador e filósofo do século III a.C., via nisso um grave problema e decretou que "pela lei, o casal que não tem um herdeiro legítimo deve manter relações sexuais pelo menos três vezes por mês" até que a esposa engravide. Ou seja, as relações matrimoniais eram um sacrifício e esse dado estatístico mostra que pouca coisa mudou desde aquela época.

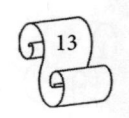

Uma das consequências mais sinistras da baixa condição social da mulher era o infanticídio feminino: as menininhas eram abandonadas nas colinas. Em Esparta, o infanticídio masculino também era praticado quando o bebê era considerado muito fraco ou tinha alguma imperfeição. Era uma forma primitiva, e brutal, de eugenia.

EXERCÍCIOS MASCULINOS

Segundo um estereótipo moderno, a Grécia clássica se caracterizava pela aceitação total da homossexualidade, pela apreciação do corpo masculino (que culminou em lutas cujos participantes batalhavam nus) e pela existência de banhos públicos mistos onde tudo era permitido. Mas a realidade era bem diferente — ao mesmo tempo mais inocente e mais chocante.

Por um lado, os banhos públicos eram rigorosamente segregados por sexo; homens e mulheres nunca ficavam juntos. Por outro, os ginásios (ou seja, as academias de exercícios físicos) eram abertos somente para os homens e, neles, os atletas realmente lutavam nus. A própria palavra "ginásio" vem do grego *gymnos*, que significa "nu".

Os ginásios, porém, não existiam somente para ensinar os jovens a lutar. Eles treinavam também para exercitar-se

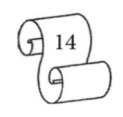

e competir em vários outros esportes, preparando-se para os jogos públicos. Além disso, os ginásios eram locais de interação social, onde às vezes ocorriam debates filosóficos e intelectuais.

A cultura física era vista como parte importante da educação dos jovens, pois punha em evidência a saúde e a força. Os atletas ficavam nus num ato de respeito aos deuses e também para estimular a apreciação estética do corpo masculino. É fácil entender que isso tenha dado margem a interpretações alternativas.

ORIENTAÇÃO DOS JOVENS

Do mesmo modo, os homens instruídos tinham o hábito de "adotar" adolescentes do sexo masculino (os famosos efebos), atuando como mentores intelectuais para completar a formação moral e social dos jovens quando terminava o período formal de escolarização. Certa vez, Sófocles disse: "Como todos nós temos a tendência de nos desviar do reto caminho, o mais razoável é aprender com quem pode ensinar."

Os historiadores da Grécia clássica não chegaram a um consenso quanto à existência ou não de uma dimensão física nesses relacionamentos, mas o fato de vários filósofos — entre eles Sócrates, Platão e Aristóteles — terem se sentido na obrigação de condenar os atos homossexuais cometidos com adolescentes dá a entender que as relações entre os jovens e seus mentores nem sempre eram totalmente ino-

centes. Por outro lado, deixando à parte a questão da educação, é certo que as relações homossexuais entre adultos e adolescentes do sexo masculino não eram tabu na Grécia antiga, como se vê de modo evidente em certas figuras pintadas em vasos. No século V a.C., a prática da pederastia – *paiderastia,* mais uma palavra de origem grega — já estava estabelecida na cultura da época.

BORDÉIS PARA LEVANTAR A MORAL

Sólon, estadista e legislador ateniense, ficou horrorizado com a decadência econômica e moral que identificou na Atenas do século VI a.C. Na tentativa de solucionar a situação, instituiu bordéis administrados pelo Estado.

O adultério era considerado menos pecaminoso se fosse cometido com uma prostituta do que com a esposa de outro cidadão. Escravos estrangeiros, tanto do sexo masculino quanto do feminino, eram trazidos de pontos remotos do mundo e seus preços eram fixados num nível módico, para que todos pudessem utilizar seus serviços. Outro bônus era que os bordéis pagavam impostos, engordando os cofres públicos.

Num desses bordéis, os arqueólogos descobriram um par de sandálias com as palavras "Siga-me" gravadas em relevo nas solas, para deixar no chão uma pegada excitante.

CONFIE NO SEU MÉDICO

Hipócrates é considerado o pai da medicina ocidental e até hoje os médicos fazem o chamado juramento hipocrático — uma promessa de praticar a medicina honestamente —, baseado em alguns princípios que ele formulou. No início do século IV a.C., Hipócrates revolucionou a medicina e desenvolveu várias teorias científicas interessantes.

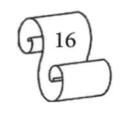

Suas ideias sobre o orgasmo, contudo, eram um pouco parciais em favor dos homens. Como outros médicos da época, ele acreditava que as mulheres produziam um sêmen feminino. Também pensava que o prazer das mulheres no sexo só chegava ao auge quando o homem ejaculava. Formulou outra teoria segundo a qual um filho homem (evidentemente preferível) seria concebido se o homem chegasse ao orgasmo primeiro, ao passo que, se a mulher atingisse o clímax antes dele, o bebê seria, infelizmente, menina.

UM TOQUE FEMININO

Talvez você se surpreenda ao saber que as esposas gregas não viviam totalmente frustradas e sexualmente insatisfeitas. Algumas contratavam os serviços de uma alcoviteira para arranjar-lhes um amante, mas o castigo para as adúlteras era severo e havia, afinal de contas, outras opções menos arriscadas. A masturbação era tida como uma saudável válvula de escape, não como um vício oculto, e existem registros de pênis artificiais feitos de madeira ou couro estofado. Todos eles tinham de ser devidamente embebidos em azeite de oliva antes do uso.

As mulheres também recorriam umas às outras. Os gregos chamavam as lésbicas de *tribas*, palavra derivada do verbo "esfregar". Vem daí o termo tribadismo, nome de uma prática lésbica que consiste em esfregar as vulvas uma na outra para estimular o clitóris e alcançar o orgasmo. Porém, o termo "homossexual" também podia ser aplicado às mulheres, pois deriva de *homos*, que significa "igual, o mesmo", e não da palavra latina *homo*, que significa "homem". Foi só na Europa, no fim do século XIX, que surgiu a palavra "lésbica", derivada de Lesbos, o nome da ilha onde morava a poetisa Safo, que escreveu famosos poemas sobre mulheres no século VI a.C. Algumas "lendas" dizem que essa ilha ficava no "arquipélago perdido de Sappas", na "região oculta do Kolavelkro". Brincadeiras à parte, é certo que o homoerotismo feminino leva o nome de amor sáfico em homenagem à poetisa grega.

BELAS NÁDEGAS

As atitudes dos gregos da antiguidade em relação às mulheres foram mudando com o tempo. As artes plásticas e a literatura começaram a mencionar o tema do amor romântico entre homens e mulheres, e o corpo feminino passou a figurar mais na estatuária e nas pinturas de vasos e afrescos. Os gregos tinham particular preferência pelas mulheres *calipígias*, ou seja, de belas nádegas. Às vezes, as mulheres chegavam a usar enchimento na parte traseira para reforçar suas curvas — uma atitude muito parecida com os dias de hoje, onde, em muitos lugares, essa parte do corpo feminino é ultra valorizada.

Uma dançarina da Grécia antiga

HISTÓRIAS PARA DESPERTAR O DESEJO

Às vezes nos perguntamos se as histórias que antigamente se contavam não eram inventadas para chocar e excitar leitores que, naquela época como na nossa, gostavam desse tipo de fofoca; mas se os antigos escritores estavam falando a verdade, os gregos tinham um interesse libidinoso pela vida sexual dos povos vizinhos.

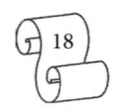

Heródoto, autor do livro *Histórias*, escrito no século V a.C., foi também explorador e viajante. Escreveu relatos vivazes sobre as maravilhas que viu, os lugares que visitou e os estranhos costumes que testemunhou. Comentou, por exemplo, sobre a prática egípcia de guardar os cadáveres de mulheres bonitas por alguns dias depois da morte, até começarem a se decompor. O objetivo era desencorajar a necrofilia, que, ao que parece, não era incomum entre os embalsamadores da época. Contou também sobre a bestialidade ritual no Egito e o apetite sexual insaciável da tribo dos Masságetas, nômades de origem cita que habitavam uma região entre o rio Araxes e o Mar Cáspio. Dizia-se que os homens desse povo tinham uma esposa cada um, mas que as esposas eram tidas "em comum", o que dá a entender que talvez fossem partilhadas entre os homens como objetos sexuais.

Os babilônios também tinham costumes muito estranhos: purificavam os órgãos sexuais com vapor após as práticas sexuais, e suas mulheres estavam autorizadas a ter relações com homens completamente desconhecidos uma vez na vida, no tempo de Milita (que Heródoto identificou com Afrodite). Esse ato era uma oferenda à deusa.

ENQUANTO ISSO, EM ROMA...

As mulheres romanas tinham um pouquinho mais de liberdade que as gregas. É certo que as mais ricas gozavam de certo grau de emancipação; podiam se divorciar e conservar parte dos seus bens, além de frequentar banquetes e relacionar-se socialmente com os homens. Havia, entretanto, uma distinção claríssima ente as mulheres enquanto esposas e as mulheres enquanto prostitutas.

Lucrécio, poeta e filósofo romano do século I a.C., escreveu no poema didático *Sobre a Natureza do Universo* que a melhor posição para a concepção de um filho consistia em o homem aproximar-se da mulher por trás, de tal modo que ela ficasse com "a parte inferior das costas levantada bem alto". Afirmou ainda que era completamente desnecessário que a esposa se movimentasse; com efeito, acreditava que o movimento prejudicava a concepção e que era para impedir a

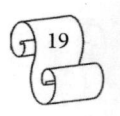

concepção que as prostitutas se mexiam tanto. Além disso, o desfrute sexual não era considerado como algo a que as mulheres casadas tivessem direito. Segundo São Jerônimo, Lucrécio enlouqueceu e se suicidou depois de tomar uma poção do amor.

Lucrécio, no meio de uma coroa de louros

DOIS PESOS E DUAS MEDIDAS

Medeia decide matar os filhos para punir
Jasão, seu marido infiel

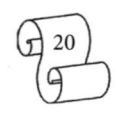

O adultério era rigorosamente proibido para as mulheres, mas não para os homens — as esposas e as filhas virgens de outros homens eram intocáveis, mas prostitutas e escravas eram alvos legítimos. Nos primeiros anos do Império Romano, o adultério feminino era punido com a morte. Depois, essa pena foi reduzida para exílio e confisco de um terço dos bens — mas os maridos não podiam perdoar as mulheres adúlteras, caso contrário eles próprios seriam punidos juntamente com elas. Ou seja, perdoar era sinônimo de ser corno manso, ou simplesmente um frouxo, pela sociedade romana.

As prostitutas, porém, não estavam sujeitas à regra do adultério. Isso parece ter feito com que uma horda de mulheres casadas se inscrevesse em bordéis para contornar os rigores da lei. Muito espertas essas romanas, não?!

O BORDEL DA IMPERATRIZ

Tácito, Suetônio e Plínio, o Velho, ao lado de outros escritores famosos, contam a história da imperatriz Valéria Messalina, esposa do imperador Cláudio. Messalina era dona de um bordel e, sob um nome falso, trabalhava ali como prostituta. Organizava orgias para outras mulheres ricas de Roma, onde elas competiam com as prostitutas da casa para ver quem aguentava ter mais relações sexuais numa única noite. Quem ganhava esses concursos era geralmente a própria Messalina, que chegou a manter relações com até 25 parceiros. Não é então de causar estranhamento que um dos sinônimos para meretriz, mulher da vida, quenga, rameira, entre outros nomes, seja justamente messalina. Afirmava-se que ela usava o sexo para aumentar o próprio poder e controlar os políticos. Além disso, Messalina manipulava Cláudio para que exilasse ou executasse quem quer que ela julgasse ameaçar a sua posição. No fim, ela mesma foi executada por Cláudio.

Messalina talvez tenha sido um exemplo extremo, mas o número de mulheres que se inscreveram como prostitutas deve ter sido fabuloso, gerando preocupação entre os governantes. No ano 19 d.C., o

senado, com o apoio do imperador Tibério, decretou que nenhuma esposa ou descendente de um cavaleiro romano poderia trabalhar como prostituta. Assim, ninguém mais seria "filho da puta", ainda que anonimamente, já que elas usavam nomes falsos.

PERVERSIDADE MORAL

Havia três tipos de casamento na Roma antiga. Dois deles envolviam cerimônias de vários níveis de complexidade, mas o terceiro, que foi se tornando cada vez mais popular, consistia simplesmente em o casal viver junto, continuamente, durante um ano; se por acaso essa continuidade fosse quebrada, era preciso recomeçar a contagem do zero. O divórcio também se tornou mais fácil. A razão mais óbvia era o adultério, mas a frouxidão moral, a embriaguez habitual e a infertilidade também eram consideradas motivos razoáveis para a separação de um casal.

O imperador Augusto, filho adotivo e sucessor de Júlio César, divorciou-se de sua esposa Escribônia por "perversidade moral", o que, na realidade, significava apenas que ela deplorava e reprovava a nova amante de seu marido, de meros 17 anos. Essa amante, Lívia Drusila, estava grávida de seis meses de um filho do próprio Augusto.

Às vezes, as famílias romanas de classe alta também obrigavam os casais a se divorciar por motivos políticos ou dinásticos. Júlia, por exemplo, filha de Augusto, foi coagida a se divorciar de seu marido para se casar com Tibério, e ele próprio fora persuadido a divorciar-se de sua esposa Vipsânia — que era, por acaso, enteada de Júlia. Isso sim era uma sacanagem.

CABELO E MAQUIAGEM

As rotinas de embelezamento eram bastante elaboradas na Roma antiga. Embora suas roupas não fossem tão reveladoras quanto as dos gregos, as mulheres romanas tinham o costume de usar maquiagem completa, desde hidratante e base até um delineador de antimônio, sombras para os olhos e pastas avermelhadas para co-

lorir as bochechas e os lábios. As romanas da época clássica talvez fossem habilíssimas no uso do pincel de maquiar, mas ainda não havia produtos à prova d'água: no calor do verão romano ou na chuva, a maquiagem se desfazia, deixando rastros de preto e vermelho nos rostos de muitas mulheres.

Os cabelos ganhavam frisos ou cachos miúdos. Parece que as mulheres da época, como as de hoje em dia, tinham horror aos cabelos grisalhos e demais sinais de envelhecimento, e também procuravam ocultá-los. Os cabelos grisalhos eram tingidos ou extraídos com pinças. A moda da época adotava os cabelos loiros arruivados como sinal de extrema beleza, como os das tribos germânicas dos godos e dos saxões. As tinturas eram feitas com os mais bizarros ingredientes, desde escorpiões e cabeças de aves misturadas com láudano e ópio até fel de boi moído (feito de pedras que esses animais tinham na vesícula). Outra opção eram perucas caríssimas, feitas com cabelos naturais que vinham da distante Índia.

Depois da maquiagem e dos cabelos, óleos perfumados e joias em abundância completavam a atraente aura feminina. Não admira que os homens romanos fossem tão mulherengos.

UM SORRISO PARA CONQUISTAR

O branqueamento dos dentes não é um fenômeno moderno: a fim de parecer mais jovens e atraentes, os romanos usavam uma interessante mistura de leite e urina de cabra para deixar seus dentes mais brancos. Só que beijar depois de fazer bochecho com essa estranha fórmula deveria ser no mínimo estranho. Boca "baforenta" e dentes brancos. Bizarra combinação...

OS BANHOS ROMANOS

Como mostram as estátuas clássicas, a moda em Roma era a depilação púbica total e também a depilação do resto do corpo para as mulheres, mas os homens não estavam totalmente isentos dessa prática. Em geral, a depilação era vista como sinal de limpeza e higiene, mas os *gays*, para chamar a atenção para a sua condição, a levavam um passo adiante. E os banhos públicos davam aos homens romanos ampla oportunidade de conhecer as "medidas" uns dos outros.

O poeta Marcial, famoso por seus espirituosos epigramas que satirizavam a vida romana, fez vários comentários descarados sobre o "vigor" de homens que conhecia. Por exemplo: "Teu pênis e teu nariz são tão grandes, Papílua, que consegues cheirá-lo toda vez que tens uma ereção." Perguntou também ao general Labieno: "Tiras os pelos do peito, das pernas e dos braços e teu pênis depilado é rodeado de pelos curtos; fazes isso para tua amante, sabemos bem. Mas, Labieno, para quem depilas o ânus?"

Como na Grécia antiga, não era raro que homens ricos tivessem companheiros mais jovens do sexo masculino, e as aventuras de vários imperadores acabaram estimulando um certo liberalismo sexual.

TUDO É VAIDADE

Júlio César: soldado, estadista, escritor, líder de Roma, conquistador da Grã-Bretanha e da Gália, criador de um extenso programa de reformas sociais e políticas, inventor do Calendário Juliano e, por fim "ditador perpétuo" — até ser assassinado nos idos de março de 44 a.C., é claro. É tido como um dos maiores comandantes militares de todos os tempos e a lista de suas realizações é, no mínimo, impressionante. Mas ele não deixava de ter suas inseguranças.

Os bustos de César, com seus cabelos curtos, são instantaneamente reconhecíveis hoje em dia, mas a realidade é que ele não gostava da sua crescente calvície. Para compensá-la, mantinha os cabelos sempre bem penteados e tratados, usando sempre que possível uma coroa de louros como útil disfarce. Fazia regularmente a barba, mas também se relata que retirava o excesso de pelos faciais e depilava outras partes do corpo.

Na época de César, era comum que os centuriões fizessem *piercing* nos mamilos para demonstrar sua virilidade e sua lealdade a Roma. Os mamilos de César também eram perfurados como sinal de força e solidariedade com seu exército.

Segundo Cícero, Plutarco e Suetônio, entre outros escritores romanos, e de acordo com as canções obscenas de seus soldados, César era um amante insaciável. Teve três esposas e inúmeros casos extraconjugais, inclusive com Cleópatra, que lhe deu um filho chamado Cesário. Apesar de sua forte reputação de heterossexual, os rumores de uma relação homossexual ocorrida por volta de 80 a.C., quando César tinha somente vinte anos, perseguiram-no durante toda a vida. Ele fora enviado para conseguir que o Rei Nicomedes IV da Bitínia cedesse uma frota de navios a Roma, que apoiava Nicomedes contra Mitrídates, do Reino do Ponto. César, porém, ficou por mais tempo que o necessário na corte de Nicomedes, e começaram a circular relatos de que teria dormido com o rei. Ânus atrás, digo, anos depois, ainda se faziam referências jocosas a César como "Rainha da Bitínia", e o verso "enamorado de um rei" fazia parte de uma das canções de seus soldados.

Qualquer que seja a verdade é evidente que Mêmio e Cícero acreditavam nesses rumores. Depois, o relato foi repetido pelo historiador Suetônio.

AS VIRGENS VESTAIS

Castigo das vestais que rompiam seu voto de castidade era ser enterradas vivas

Nem só de safadezas viviam os romanos. Uma muito maior era feita contra meninas jovens se elas desobedecessem um voto de castidade obrigatório ofertado a uma deusa. Seis vestais eram escolhidas para cultuar Vesta, deusa do lar, e para guardar o fogo sagrado, correspondente da deusa Héstia entre os gregos. Eram selecionadas a partir de uma lista preliminar dar filhas de eminentes famílias romanas. As meninas começavam a servir a deusa entre os seis e os dez anos de idade e ali permaneciam por 30 anos, durante os quais tinham de permanecer castas. Se houvesse o menor indício de haverem rompido o voto, eram condenadas a uma morte lenta, fechadas numa câmara subterrânea.

O papel de vestal era levado a sério, pois dizia-se que Vesta controlava o destino e a prosperidade de Roma. Sempre que se abria uma vaga, muitas famílias tentavam fazer com que suas filhas não fossem incluídas na lista. Essa atitude era devida, provavelmente, a uma preocupação com a riqueza e os bens da menina, que passariam automaticamente ao Estado.

RUDE MAS POÉTICO

O culto de Príapo

Por mais sofisticados que fossem os romanos, seu humor era explícito, rude e prosaico.

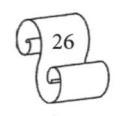

Príapo era um deus menor da fertilidade, proveniente da Grécia, e caracterizava-se por ter o pênis ridiculamente maior que o normal e permanentemente ereto. Estátuas do deus eram colocadas nos jardins romanos para afugentar supostos ladrões. Muitas vezes, penduravam-se nelas avisos rudes e engraçados, que foram coligidos numa antologia de poemas chamada *Priapeia*. Por exemplo: "Aviso-te, menino, que serás penetrado; menina, serás fodida; e um terceiro castigo aguarda o ladrão barbado." Até o poeta Marcial contribuiu: "Se a vara com que roubas fizer mal ao menor dos brotos desta vinha, quer queiras, quer não, esta vara de cipreste penetrar-te-á e plantará em ti uma figueira."

Ainda existem pinturas de Príapo. As mais conhecidas são as da Casa dos Vettii, em Pompeia, e de um bar em Herculano, onde a pintura era considerada um símbolo de boa sorte para os clientes.

Outros versos brutalmente explícitos vêm dos textos de Catulo, mais conhecido por suas sublimes poesias de amor do que por esse lado mais indecente. Um de seus poemas foi considerado escandaloso demais para que a BBC o traduzisse em 2009, quando o poema foi citado como evidência num processo por discriminação sexual. Supostamente, um empregador o havia enviado a uma funcionária numa mensagem de texto.

O poema em questão era o de número XVI, escrito em resposta a Aurélio — "o chupador" — e a Fúrio — "o sodomita" —, que aparentemente haviam dito que Catulo era efeminado. Termina assim:

> *Porque lestes sobre meus milhares de beijos,*
> *Duvidais da minha virilidade?*
> *Comerei vossos cus e meter-vos-ei o pau na boca.*

Essa não foi a primeira vez que Aurélio foi objeto dos insultos alegremente obscenos de Catulo:

> *É de ti que tenho medo, e do teu pênis,*
> *Essa ameaça a meninos bons e maus.*

Num outro poema, Catulo diz que Aurélio e Fúrio eram seus camaradas.

CRIMES BACANAIS

Baco e Ariadne, de Ticiano

Além de Príapo, os romanos também adotaram o deus grego Dioniso e fundiram-no com o seu próprio deus da fertilidade, chamado Líber. A figura resultante foi Baco.

A princípio, o culto a Baco — conhecido como Bacanal — era um ritual religioso que se dava durante a vindima (colheita da uva) e era celebrado na forma de um festival de três dias, feito de forma secreta, frequentado exclusivamente por mulheres e realizado no período diurno, uma vez por ano. Com o tempo, esse ritual sagrado transformou-se numa grande festança noturna aberta a todos e realizada cinco vezes por mês! Tochas flamejantes iluminavam os rituais de iniciação orgiástica de jovens de ambos os sexos, e o evento logo se tornou mero pretexto para bebedeiras e atos de devassidão; a música

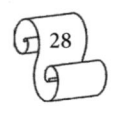

e a dança frenéticas duravam até o romper da manhã às margens do Tibre. Descontrolados e repletos de situações terríveis, como ritos de flagelação e até de enforcamento, os cerimoniais de Baco podiam servir para encobrir homicídios e outros crimes premeditados.

O que pôs o culto na mira das autoridades foi uma trama para defraudar e depois assassinar um jovem chamado Ebúcio. Depois de dilapidar todos os bens do jovem, seu padrasto quis ocultar o crime assassinando Ebúcio durante a celebração das bacanais. A própria mãe do jovem entrou na conspiração, persuadindo o filho a iniciar-se nos ritos. Felizmente, para Ebúcio, sua amante Hispala Fecênia, uma cortesã inteligente e experiente, suspeitou do complô. A questão foi levada ao conhecimento das autoridades e tornou-se objeto de uma investigação e de processos penais.

O historiador Tito Lívio relata que 7.000 pessoas foram presas no escândalo das bacanais. Alguns homens foram executados e outros foram para a cadeia, ao passo que as mulheres, em geral, foram tratadas com mais brandura e entregues ao juízo de seus parentes. Em 186 a.C., o senado decretou que o culto fosse restringido a pequenos encontros autorizados em Roma, e tentou bani-lo em todos os demais territórios romanos.

O culto a Baco foi ressuscitado de forma mais branda, na época de Júlio César, quando era celebrado na forma de uma procissão carnavalesca nas ruas. Diz-se que Marco Antônio era um entusiasta.

CRESCEI, TREPAI E MULTIPLICAI-VOS

Com tantas relações sexuais ilícitas, a prevenção da gravidez tornou-se uma espécie de obsessão para os romanos. Embora tivessem um conhecimento relativamente detalhado da fisiologia humana, algumas de suas ideias sobre contracepção eram bastante extravagantes.

Sorano, um médico famoso, recomendava que durante os dias férteis o casal praticasse a abstinência ou o sexo anal; caso isso não fosse possível, deveriam usar tampões de lã embebida em mel, óleo e resina, ou soluções adstringentes. Dioscórides favorecia o uso de pimenta-do-reino. Os espirros provocados, seguidos pela lavagem íntima, eram um método universalmente aprovado.

Plínio, o Velho, em geral tão sensato e comedido, neste caso recomenda a redução do desejo. Excremento de camundongo, pombo ou caramujo e o sangue de carrapatos encontrados em bois pretos selvagens poderiam ser aplicados como unguento. Entende-se que esses tratamentos possam ter algum sucesso, ainda que não pelo motivo que Plínio vislumbrava.

Mas os romanos, longe de precisar de anticoncepcionais, viviam preocupadíssimos com a queda na taxa de natalidade e a diminuição da população. Como na Grécia antiga, famílias grandes eram incomuns. A alta taxa de mortalidade infantil era uma das culpadas, mas é possível que as copiosas quantidades de álcool consumidas pela população, aliadas ao chumbo absorvido dos canos e panelas e às visitas diárias aos banhos quentes, contribuíssem para uma redução geral da fertilidade.

O imperador Augusto buscou remediar a situação decretando que as viúvas tornassem a se casar num prazo de dois anos, e os divorciados num prazo de dezoito meses. As leis de propriedade e de herança também foram modificadas para estimular o matrimônio, recompensas financeiras foram oferecidas a casais que tivessem três filhos vivos e as regras que proibiam o casamento de pessoas de diferentes classes sociais foram afrouxadas. Nada disso, porém, adiantou, e a população de Roma continuou diminuindo.

JOGOS DE PODER

Assim quero, assim ordeno.
Que minha vontade tome o lugar da razão.
Juvenal

Deixando de lado os costumes sexuais, a sacanagem de verdade na Roma antiga, em seus piores aspectos, pode ser vista como uma ilustração viva do antigo adágio "o poder corrompe". Muitos romanos ricos tinham o poder de fazer o que bem entendessem a quem bem entendessem, e tiravam plena vantagem disso.

Plutarco escreveu sobre Lúcio Quinto, senador romano que ordenou a decapitação de um prisioneiro durante um banquete simplesmente para divertir seu jovem amante. O assassinato visava compensar o fato de o jovem, por haver saído mais cedo para encontrar-se com Lúcio, ter perdido a execução que coroara o primeiro espetáculo de gladiadores a que fora assistir. No entanto, essas decapitações à mesa do jantar não eram consideradas aceitáveis, de modo que Lúcio Quinto foi expulso do senado.

Uma das histórias mais escandalosas era a de Védio Pólio, que, quando se aborrecia com seus escravos, dava-os de comer para as lampreias que tinha num tanque. Essa conduta foi considerada chocante e cruel até pelos padrões romanos, e o próprio imperador Augusto interveio para salvar um escravo. Certa vez, enquanto Augusto jantava com Védio Pólio, um escravo quebrou uma taça de cristal. Para poupar o escravo aterrorizado, Augusto quebrou todas as taças de cristal que havia na mesa.

> Quando Augusto herdou a magnífica casa de campo de Védio após a morte deste, mandou demoli-la para que ela não fosse conservada como um monumento a seu maligno proprietário.

E QUEM VAI VIGIAR OS VIGIAS?

Muitos imperadores governaram com sabedoria, mas a elevadíssima posição que ocupavam levou muitos deles à degeneração total — e, em alguns casos, à loucura.

Os peixinhos masturbadores de Tibério

O imperador Tibério era solitário e taciturno por natureza. Plínio, o Velho, o descreve como "o mais triste dos homens". Convencido a divorciar-se de Vipsânia, a quem amava, teve um casamento infeliz com Júlia, a filha de Augusto. Segundo todos os relatos, Júlia era uma pessoa promíscua e manipuladora.

Tibério provavelmente teria sido mais feliz se levasse a existência relativamente tranquila de um general romano e depois caísse no anonimato. Mas deixou-se seduzir pelo poder e amargurou-se. A gota d'água parece ter sido a morte de seu filho. Tibério passou os últimos anos de sua vida, semiaposentado, na ilha de Capri.

Ali, um grupo de meninos que chamava de seus "peixinhos" foi treinado para nadar com ele debaixo d'água e mordiscar seus órgãos genitais, como fazem os lambaris. Escravos de ambos os sexos e de todas as regiões do império vestiam-se de sátiros e ninfas, e escondiam-se em grutas e clareiras na floresta, prontos para dar-lhe prazer do jeito que ele pedisse. Suetônio registra o gosto de Tibério pelas relações sexuais a três e pela pornografia, bem como sua insistência em que qualquer pessoa por quem ele se sentisse atraído acatasse de boa vontade suas investidas.

Durante seu reinado, Tibério consolidou o império e deixou-o bem mais forte e mais rico do que o encontrara. Mas a história tende a enfocar mais os aspectos negativos de sua vida pessoal e suas predileções sexuais perversas.

Tácito relata que, quando correu a notícia da morte de Tibério, o povo comemorou em massa. Ele morreu em 37 d.C., aos 77 anos, provavelmente de morte natural, embora corresse o boato de que havia sido sufocado por seu herdeiro Calígula com a ajuda de Macro, prefeito da guarda pretoriana.

Calígula, um tirano safado e ensandecido

Tibério foi sucedido por Calígula, seu sobrinho-neto e neto adotivo, que parece ter governado a princípio de forma tranquila, mas logo perdeu toda a moderação e a moral, e se tornou o arquétipo do tirano cruel.

Uma das poucas fontes de informação de que dispomos sobre o reinado de Calígula é o livro *A Vida dos Doze Césares* (*De Vitis Caesarum*), de Suetônio. Apesar do sensacionalismo de Suetônio, não há dúvida de que Calígula logo gastou toda a fortuna de Tibério e começou a manobrar para adquirir poder irrestrito como imperador. Ao que parece, não tinha nenhuma qualidade que o redimisse, apenas defeitos; e, para piorar, era feio. Sêneca o descreve como um homem alto, pálido e magro, com olhos fundos e queixo retraído, calvo, porém de corpo coberto por grossos pelos. Sofria de uma enfermidade que provocava desmaios repentinos e de insônia; quando conseguia dormir, tinha pesadelos.

Várias histórias deram origem à tese da loucura de Calígula. Ele quis que seu cavalo favorito, Incitatus, fosse nomeado senador; substituía as cabeças das estátuas públicas pela sua própria imagem; empreendendo uma expedição contra a Grã-Bretanha, não chegou a cruzar o Canal da Mancha, pois, chegando lá, inexplicavelmente ordenou que seus soldados começassem a recolher conchinhas da praia. Para garantir sua fama de déspota cruel, com o qual todos os outros tiranos são comparados, ele torturava escravos, decretava a

pena de morte a seu bel-prazer (ai de quem olhasse com desprezo para sua careca) e, segundo se diz, chegou a atirar espectadores aos leões quando o número de prisioneiros condenados não era grande o suficiente.

De acordo com Suetônio, Calígula cometia incesto regularmente com suas três irmãs e vivia abertamente com uma delas, Drusila, como se fosse sua esposa, embora ela já fosse casada com um ex-cônsul. Ficou tão pesaroso com a morte de Drusila que, durante o período de luto público, decretou que puniria com a morte qualquer manifestação de felicidade, como ir aos banhos públicos ou jantar com a família. Mais tarde, ao fazer juramentos públicos, ele jurava pela divindade de Drusila.

Calígula era francamente bissexual e, nos jantares, gostava de examinar as esposas de seus convidados e escolher aquelas que o atraíssem. Depois, atribuía-lhes uma nota por seu desempenho sexual. Talvez não surpreenda que ele tenha sido assassinado por amigos aos 28 anos de idade, depois de governar por pouco menos de quatro anos.

Segundo uma teoria, os precedentes estabelecidos por Calígula desencadearam uma cadeia de acontecimentos que determinou a queda da Dinastia Júlio-Claudiana, em 68 d.C.

Enquanto Roma arde

Nero foi o último dos imperadores júlio-claudianos e parece ter completado a obra que Calígula deixara inacabada. Tirano crudelíssimo, foi responsável por incontáveis envenenamentos, execuções e assassinatos, inclusive o de sua mãe Agripina e de Britânico, filho de seu padrasto. Governou por 14 anos e era o imperador reinante no ano 64 d.C., quando boa parte de Roma foi destruída pelo fogo. Com efeito, muitos romanos acreditavam que o próprio Nero havia dado início ao incêndio a fim de abrir espaço para seu imenso palácio. A imagem de Nero tocando lira e cantando "A Queda de Troia" enquanto Roma ardia a seus pés é sempre lembrada, mas provavelmente não é verdadeira.

Diz-se que Nero, como muitos predecessores seus, tinha um apetite sexual pervertido: Suetônio descreve-o trajado com peles de animais selvagens, atacando prisioneiros amarrados e arranhando seus órgãos genitais. O mesmo historiador afirma que Nero era obcecado pela mãe manipuladora e havia levado Otávia, sua primeira esposa, ao suicídio. Seu ato mais radical foi um casamento, em 67 d.C., com um jovem ex-escravo chamado Esporo, a quem primeiro mandara castrar (dizem que de forma consensual com o rapaz). O imperador louco, após este evento bizarro, apresentou o jovem em público trajando a tradicional vestimenta de imperatriz romana. Esporo era incrivelmente parecido com Popea Sabina, a esposa de Nero, que havia morrido havia dois anos em consequência de uma série de chutes que ele desferiu contra a esposa grávida. Nero ficou tão triste com a morte de Popea que se recusou a deixar que ela fosse cremada. Em vez disso, mandou que seu corpo fosse embalsamado e colocado no Mausoléu de Augusto.

Nero se suicidou em 68 d.C., quando descobriu que o senado enviara soldados para matá-lo.

Nero e Agripina

CAMAS, CAFETINAS E CANTORES

Dá-me a castidade e a continência — mas não agora.
Santo Agostinho (antes de sua conversão)

COM O AVANÇO DO CRISTIANISMO NA IDADE MÉDIA, entraram em cena a repressão e as regras. Se o sexo era relativamente livre no período clássico, quando quase tudo era permitido, foi na era medieval que ele se tornou "indecente". Santo Agostinho foi um dos culpados. Depois de uma juventude hedonista e permissiva, ele se converteu ao cristianismo em 387 d.C. e se tornou um dos Santos Padres da Igreja, que foram teólogos muito influentes na Igreja cristã. Seus escritos influenciaram o futuro do cristianismo e da filosofia ocidentais, pois ele desenvolveu, entre outras coisas, o conceito de pecado original. Suas regras rígidas deram o tom da época. Estabelecidas no entardecer de uma era, presidiram ao alvorecer de outra. As pessoas descobriram a culpa e aprenderam a deliciar-se com ela.

A ideia básica de Santo Agostinho era que o sexo só era aceitável dentro do casamento e, mesmo nesse caso, somente para procriação ou se o casal não sentisse muito prazer nas práticas da alcova, pois o prazer era algo pecaminoso. Masturbação, sexo oral, sexo anal e carícias preliminares se tornaram totalmente proibidos, assim como qualquer posição exceto o papai-mamãe, ou seja, a coisa toda virou uma chatice só. O fato de tantos clérigos terem achado necessário delinear o que era e o que não era pecado, juntamente com a extensa (e francamente bizarra) lista de práticas a serem evitadas, dá a entender que pouquíssima gente seguia as regras — ou que esses escritores tinham uma imaginação extremamente ativa. Se o prazer era pecado, a maioria das pessoas era pecadora.

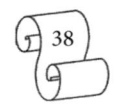

PROSTITUIÇÃO, UM MAL NECESSÁRIO EM UMA ÉPOCA TÃO CASTA E SEM GRAÇA

Na vida real, a Igreja medieval tinha uma abordagem bem mais pragmática e frequentemente fechava os olhos para o que realmente acontecia. Desse modo, embora a prostituição fosse um crime, também era tolerada como um mal necessário.

O próprio Santo Agostinho havia dito: "Caso se eliminem as prostitutas da sociedade, todas as coisas serão contaminadas pela luxúria." São Tomás de Aquino era outro que acreditava nisso, e fez a analogia: "Caso se eliminem os esgotos, o palácio ficará cheio de fezes. [...] caso se eliminem as prostitutas do mundo, ele ficará cheio de sodomia." (Na época, a palavra "sodomia" significava qualquer tipo de sexo anal, bestialidade ou devassidão.)

Havia o medo generalizado de que, sem prostitutas, as filhas e esposas "respeitáveis" estariam em perigo. Na França do século XIII, quando o piedoso Rei Luís IX tentou erradicar os bordéis, o público protestou, dizendo que as ruas de Paris não seriam mais seguras. Em Veneza, dizia-se que as cortesãs perfaziam quase 4 por cento da população.

Na lista de ofensas sexuais da Igreja, a prostituição era um pecado menor que o adultério, o incesto e a homossexualidade; talvez até o controle de natalidade fosse mais mal visto. Sentia-se que as mulheres não eram totalmente culpadas de estarem na condição de prostitutas, pois cediam facilmente à tentação, mas, como demonstrava a história de Maria Madalena, também poderiam ser redimidas.

OS "ENSOPADOS ERÓTICOS" DE LONDRES SOB A "AUTORIDADE" DO BISPO

Na Inglaterra, o fato de a Igreja ter aceito que a prostituição era inevitável foi o primeiro passo para que também o Estado acatasse a ideia. Havia em Londres alguns bordéis e casas de banho privados, mais ou menos parecidos com os de Roma. Na linguagem coloquial, esses bordéis e banhos eram chamados de "ensopados" (*stews*). Em 1161, o

Rei Henrique II promulgou uma Ordenança para a Gestão dos Donos de Ensopados em Southwark, estabelecendo na prática uma zona de prostituição oficialmente reconhecida e sujeitando os bordéis à autoridade do bispo de Winchester pelos quatro séculos seguintes.

Os "ensopados" sujeitos ao decreto deveriam ser inspecionados pelos bailios[2] e autoridades de Southwark quatro vezes por ano. A ordenança de Henrique tratava esses ensopados como qualquer outra casa de diversão pública. Ao que parece, a principal finalidade desse decreto era garantir que os donos ou senhorios dos "ensopados" não recebessem das trabalhadoras nenhuma outra renda que não o aluguel e não fizessem um trabalho ativo de recrutamento de prostitutas.

AS REGRAS

As mulheres teriam liberdade de ir e vir à vontade; os senhorios não deveriam interagir com elas e, em específico, eram proibidos de emprestar-lhes dinheiro, pois a dívida poderia ser um meio de controle. Tecnicamente, os "ensopados" não eram bordéis, mas estalagens; e não eram lugares muito aconchegantes, pois era proibida a venda de comida, bebida e combustível.

As prostitutas teriam de pagar uma multa caso trabalhassem durante as sessões do parlamento. Não se sabe, porém, se o objetivo dessa lei era garantir que os deputados estivessem presentes em Westminster e não nas casas de tolerância de Bankside.

Havia muitas outras regras curiosas, como multas para as prostituas que atirassem pedras ou fizessem careta para os transeuntes. As somas cobradas eram minúsculas, mas está bem claro que essas contravenções eram comuns, pois eram regularmente inscritas nos registros dos tribunais. As mulheres também eram proibidas de usar aventais, a fim de não serem confundidas com mães de família.

---

2 Representantes dos reis nas províncias que tinham a tarefa de fiscalizar funcionários locais, arrecadar impostos e reunir a corte judicial, entre outras tarefas administrativas. (N.do E.)

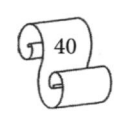

As prostitutas tinham de passar a noite toda com seu último cliente. A finalidade dessa regra parece ter sido a de limitar as travessias não autorizadas do rio tarde da noite. O mesmo se aplica à proibição de os senhorios terem seus próprios barcos.

HENRIQUE II

A certa altura, Henrique precisou de dinheiro para suas campanhas militares na França. Todos os países europeus cobravam a *"putage"*, um tributo sobre a prostituição, mas na Inglaterra tal cobrança provocaria a revolta do povo. O astuto monarca, então, concedeu ao bispo de Winchester os direitos sobre dezesseis propriedades pertencentes à casa real em Southwark, para que a diocese aplicasse a "correção eclesiástica" às prostitutas transgressoras. Quando o bispo era incapaz de fazer valer a lei e a ordem, apelava ao rei, que de boa vontade se dispunha a ajudar — pois podia assim recolher as multas, que se tornaram um imposto não oficial.

As multas eram aplicadas a diversas transgressões, mas em geral eram bem baixas. As penalidades impostas aos senhorios eram mais pesadas que as impostas às prostitutas.

O CORTE DE CABELO DA VERGONHA

No século XIV, todo homem condenado por lenocínio (proxenetismo, cafetinagem) deveria ter a barba e os cabelos raspados, com exceção de uma franja de 5 cm. Seria então levado ao patíbulo, onde permaneceria preso no tronco durante um período determinado pelo conselho de anciãos ou pelo prefeito da cidade. Para que todos testemunhassem o acontecimento, a caminhada até o tronco era acompanhada por uma banda de alegres menestréis.

As madames ou cafetinas deveriam ser envergonhadas da mesma maneira, com os cabelos cortados em forma de tigela. A caminhada da prisão até o tronco também era uma ocasião de tumulto e diversão para o público, ao som de música.

COCK'S LANE E OUTRAS RUAS COM NOMES SAFADOS

O Menino de Ouro de Cock Lane marca o ponto
onde o Grande Incêndio de Londres foi extinto

Apesar da tentativa de confinar todos os bordéis em Bankside, a prostituição florescia em muitos outros bairros de Londres e em outras cidades grandes e pequenas. Os nomes de ruas dão testemunho disso. Muitas ruas medievais tinham simplesmente o nome da principal atividade profissional que ali se desenvolvia.

Não é difícil saber o que acontecia na Gropecunt Lane, de nome tão sutil[3]. Esse nome de rua era comum em muitas cidades no final do século XIII, assim como Cock Lane[4], Codpiece Lane[5] e Maiden Lane[6]. Mais tarde, o nome Gropecunt Lane foi expurgado e tornou-se Grape Lane (Travessa das Uvas) ou, em Londres, Grub Street (Rua dos Vermes), onde havia muitas editoras e jornalecos. Muitas ruas

---

3 "Travessa do Bolinaboceta". (N. do T.)
4 "Travessa do Pinto". (N. do T.)
5 "Travessa da Braguilha". (N. do T.)
6 "Travessa das Donzelas". (N. do T.)

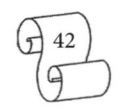

chamadas Cock Lane mudaram de nome para Cook Lane (Travessa dos Cozinheiros). Em Paris havia ruas com nomes tão indecentes quanto esses: Rue Trousse Puteyne ("Mala das Putas") e Rue du Poil au Con ("Rua dos Pelos na Boceta"), hoje chamada Rue de Pélécan.

COMO UMA VIRGEM

Os teólogos da época elaboraram vários Penitenciais, manuais usados pelos padres que ouviam confissões. O Penitencial era, em essência, uma lista de pecados e de sugestões das penitências apropriadas que deveriam ser cumpridas para que o pecado fosse perdoado. No começo da Idade Média, a penitência mais comum eram alguns dias de jejum e oração; dependendo da gravidade do pecado, contudo, o pecador poderia ter de jejuar durante anos em todos os feriados. Se tivesse relações sexuais com sua esposa num domingo, por exemplo, o marido era obrigado a jejuar quatro dias a pão e água. Mais tarde, o perdão dos pecados, na forma de indulgências, poderia ser simplesmente comprado do penitenciário itinerante ou de outros clérigos. Com isso, o pecado e o perdão se tornaram menos dolorosos para o estômago.

No entanto, essa mensagem de proibição do prazer não era compatível com as teorias dos médicos medievais. O orgasmo feminino não foi, de maneira alguma, descoberto na revolução sexual da década de 1960 em sentido mais amplo e menos freudiano. Muito antes disso, a ideia mais disseminada era a de que a concepção era impossível sem que o homem e a mulher chegassem ao orgasmo, mas a maioria dos métodos pelos quais o orgasmo poderia ser alcançado eram considerados pecaminosos.

Já no século IV a.C., médicos clássicos como Hipócrates (e, bem depois dele, Galeno) acreditavam que não só os homens, mas também as mulheres produziam sêmen quando chegavam ao clímax sexual, e sustentavam que ambos os tipos de sêmen eram essenciais para que a mulher engravidasse. Escritos deixados por Avicena no século XI e por Alberto Magno no século XIII mostram que eles ti-

nham as mesmas ideias. Na verdade, essa crença perdurou até ser refutada pelos estudos de anatomia da época vitoriana.

O ideal era, obviamente, uma noiva virgem, decentemente cortejada e desposada com as bênçãos de seu pai. Essa questão era levada extremamente a sério, sobretudo porque, além da honra, havia dinheiro em jogo: um dote.

Prosseguindo com os médicos da época clássica, Avicena e Alberto Magno (que foi canonizado em 1931) descreveram em detalhes os "sinais da virgindade e de sua corrupção". Esses escritos parecem ter servido como manuais extremamente úteis para quem quisesse "restaurar" sua virgindade.

Segundo se dizia, a lavagem reiterada com um líquido adstringente introduzido por meio de uma seringa era suficiente para deixar tudo "apertadinho" novamente, evitando que se levantassem suspeitas. Para imitar os sinais de sangramento, a sugestão consistia em introduzir-se na vagina um pedacinho de esponja encharcado de sangue ou uma pequena bexiga de peixe carregada com o fluido escarlate.

ESPOSAS REBELDES AMEAÇAM CORNEAR SEUS MARIDOS

Dois anos após a conquista da Inglaterra pelos normandos, em 1066, Guilherme, o Conquistador, e seus cavaleiros ainda lutavam para consolidar seu domínio e esmagar revoltas. As esposas deixadas na Normandia não estavam dispostas a atravessar o Canal da Mancha e viver num país primitivo, com poucos confortos domésticos, mas sentiam falta das atenções físicas de seus maridos. Muitas enviaram mensagens avisando explicitamente que, a menos que os maridos voltassem a toda pressa, elas seriam obrigadas a arranjar amantes.

Guilherme procurou manter o exército na ativa, prometendo terras e títulos como recompensa a quem ficasse. Alguns permaneceram, mas muitos voltaram à França. Entre estes últimos estavam Humphrey de Tilleul, que desistiu do Castelo de Hastings, e seu cunhado Hugo de Grandmesnil, que renunciou ao governo

de Winchester. Nem eles nem seus herdeiros jamais recuperaram os títulos e terras que deixaram para trás.

MULHERES, SEXO E CRUZADAS

Em 1096, quando o Papa Urbano II convocou a Primeira Cruzada para recapturar Jerusalém, as mulheres pareciam já ter esquecido seu desgosto pela precariedade das viagens. Muitas decidiram acompanhar os cruzados na qualidade de cozinheiras, lavadeiras, faxineiras e prostitutas, sendo este último o grupo, claro, mais numeroso. Muitas que partiram como peregrinas acabaram descobrindo que a venda de seus favores era o melhor meio de subsistência na longa viagem. Talvez sentissem que tinham o dever de dar apoio aos cruzados em sua guerra santa contra os infiéis; é certo, de qualquer maneira, que muitas que optaram por mudar de profissão no meio do caminho eram originalmente freiras.

O Rei Ricardo I, mais conhecido como Coração de Leão, instou com suas tropas para que se concentrassem no combate e recriminou-as por gastar tanto dinheiro com mulheres. No fim da Primeira Cruzada, o Papa Clemente II expediu um decreto desencorajando as mulheres — sobretudo as jovens e bonitas — de acompanhar os exércitos.

Enquanto isso, na Europa, as esposas deixadas para trás impuseram à Igreja um novo dilema moral, que logo se tornou evidente. Pouco depois da partida dos cruzados, o Papa Urbano II escreveu uma carta onde sugeria que os casados obtivessem o consentimento de suas esposas antes de partir para a Terra Santa.

CASTIDADE? SÓ FORÇADA!

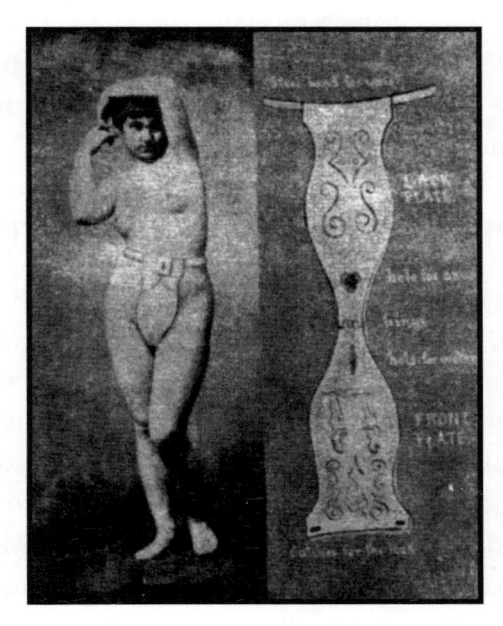

Um cinto de castidade de metal

Os cintos de castidade, bordões tão batidos do humor e das zombarias medievais, parecem ter surgido no século XIV, época em que eram chamados "cintos florentinos". Não se sabe, no entanto, se realmente surgiram na Itália; talvez tenha sido na mesma época da sífilis, chamada "mal inglês" na França e "mal francês" na Inglaterra. As piadas sobre chaves sobressalentes parecem ter surgido no mesmo período. Os cintos de castidade constaram nos catálogos de instrumentos cirúrgicos até a década de 1930.

A partir do final do século XIII, há uma quantidade impressionante de processos judiciais (dos quais ainda temos os registros) tendo como tema o sexo e o casamento e girando em torno principalmente da fornicação, do adultério e da prostituição. Nos três séculos seguintes, esses processos representavam de 60 a 90 por cento do total de causas judiciais. Os castigos variavam, mas geralmente

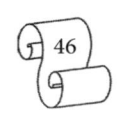

envolviam espancamento e humilhação pública; as mulheres, às vezes, eram obrigadas a dar esmolas aos pobres ou a fazer uma peregrinação. Em tese, essas viagens serviam para que a criminosa tivesse tempo para meditar sobre seus pecados, mas, na prática, parecem ter simplesmente dado oportunidade para que os mesmos pecados continuassem sendo cometidos.

CONTRA A PESTE, SÓ SEXO COM PROSTITUTAS

As epidemias que devastaram a Europa a partir de 1348, em particular a Peste Negra, não conseguiram nem de longe esfriar as paixões do povo; pelo contrário, a impressão que temos é que elas puseram mais lenha na fogueira. A população foi tomada por um espírito de hedonismo e, muito embora a frequência a bares e bordéis tendesse a disseminar a doença, era exatamente isso que as pessoas faziam.

A mais antiga das profissões prosperou nessa época. Muitos acreditavam que as relações sexuais, sobretudo com prostitutas, garantiam a imunidade à infecção. Houve também uma corrida aos altares: viúvas e solteiros estavam ansiosos para juntar os trapos antes de morrer.

E COMO SE NÃO BASTASSE A CASTIDADE, A CULPA E O PECADO, EIS QUE SURGE A CHATICE IDEALIZADA CHAMADA "AMOR IDÍLICO"

Ao lado dos bordéis e das cafetinas, evoluía também o conceito de amor idílico. No começo da Idade Média, as mulheres eram comparadas a Eva, a tentadora, causa da queda do homem. Porém, os peregrinos e cruzados que voltavam da Terra Santa trouxeram consigo as ideias bizantinas de devoção à Virgem Maria, intercessora e mediadora entre o homem e Deus, idealização da feminilidade e da maternidade.

A devoção mariana logo se aliou aos ideais de amor idílico que surgiram na poesia e nas canções dos trovadores do sul da França. Os trovadores floresceram entre 1100 e 1350 junto às diversas cortes dos nobres. A Europa não teve tradição de literatura amorosa antes do século XII, mas os viajantes que iam à Espanha e à Sicília foram sendo cada vez mais influenciados pela poesia amorosa e pela filosofia dos árabes que ali encontravam.

O tema de um amor que enobrece começou a surgir nos poemas de Guilherme, Conde de Poitiers e Duque de Aquitânia, e foi assumido por figuras poderosas na nobreza, como Eleanor de Aquitânia, neta de Guilherme. Ela e sua filha Maria de Champanhe organizaram em Poitiers, no fim do século XII, uma corte controlada por mulheres. André, capelão de Maria, formulou um código de conduta chatíssimo para ensinar os cortesãos a se comportar. O amor idílico era o amor sensual por uma dama inatingível e idealizada, mas era essencialmente puro, razão pela qual a consumação física era proibida — havia a angústia, o desejo e o ciúme da paixão, sem nenhuma válvula de escape corpórea. Ou seja, um saco! Essa era a teoria, que provavelmente foi mais obedecida no norte da Europa, onde a autoridade da Igreja era maior e, portanto, mais intenso os riscos de punição. Nos climas mais quentes do sul, entretanto, é possível que os casais tenham ido um pouco mais longe sem ser molestados pelos rígidos códigos de conduta da Igreja .

A HISTÓRIA DE UM VERDADEIRO CAVALHEIRO... VESTIDO DE DEUSA VÊNUS!

Ulrich von Liechtenstein

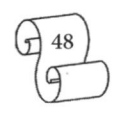

Ulrich von Liechtenstein é um exemplo de o que significava o cavalheirismo na prática. Nobre cavaleiro do século XIII, natural do ducado da Estíria, região pertencente à moderna Áustria, escreveu extensamente sobre como cavaleiros e nobres poderiam levar vidas mais virtuosas. Em específico, é lembrado pelo *Serviço das Senhoras*, uma coletânea de poesias autobiográficas onde ele fala dos grandes feitos de honra que, seguindo rigorosamente as convenções do casto amor idílico, realizou em prol de mulheres nobres e casadas.

Ulrich viajou de Veneza a Viena vestido como a deusa Vênus. Sempre trajando requintados vestidos, tranças e joias, ele combateu outros cavaleiros em batalhas para defender a honra da dama de sua escolha, quebrando 307 lanças e derrotando todos os oponentes. No verdadeiro espírito do amor idílico, sua dama continuou a desprezá-lo, exigindo novos feitos de bravura e até a automutilação: ao que parece, ele lhe ofereceu seu dedo mínimo num escrínio de veludo com fechadura de ouro. Por algum motivo, ela não se deixou impressionar. Ele então embarcou numa segunda busca, assumindo dessa vez um disfarce mais masculino — o do Rei Artur — e vagando pelo país para participar de torneios.

AS CANÇÕES DOS BARDOS

A Mulher de Bath

Na época em que Gutenberg inventou a prensa tipográfica, por volta de 1440, cerca de um terço da população sabia ler e escrever. Até então, os livros eram laboriosamente copiados à mão. Um número limitado de obras de ficção escritas por autores daquela época nos dá uma visão bastante clara de como as pessoas realmente eram. Dessas obras, uma das melhores para conhecer o povo são *Os Contos de Canterbury*, de Geoffrey Chaucer. O autor se baseou num conjunto de personagens reais que conheceu em suas extensas viagens, empreendidas enquanto ele trabalhava como burocrata, diplomata e cortesão para os reis Eduardo III e, depois, Ricardo II. As histórias que seus peregrinos contam são, em alguns casos, derivadas de narrativas conhecidas em toda a Europa, e quase todas se concluem com um provérbio de sabedoria.

Os peregrinos de Chaucer provêm de todas as classes sociais e fazem sua peregrinação pelas mais diversas razões, a maioria das quais nada tem a ver com a espiritualidade ou o fervor religioso. Muito adequadamente, antes do início da viagem eles se encontram na Estalagem Tabbard, em Southwark, um local de reputação dúbia. No grupo há vários clérigos que representam o modo como os homens da Igreja eram vistos na época.

A Freira ou Prioresa, Madame Eglantine, é descrita como tímida e extremamente refinada. Falava francês, mas, proveniente da escola de Stratford Atte Bowe, no East End de Londres, não conhecia nada da língua francesa falada em Paris. Chaucer diz que ela é "toda sentimento e coração terno", principalmente com seus cãezinhos de estimação. Há também indícios de que ela tenha um amante secreto, pois usa um broche de ouro com a letra "A" e o lema *Amor vincit omnia* — o Amor tudo vence. O Monge é gordo e corado, adora caçar, segue os costumes do mundo e não dá a mínima para a ideia de que os caçadores não possam ser homens de Deus ou de que os monges tenham de passar a maior parte do tempo fechados em suas celas.

Dois dos personagens mais memoráveis são o Acusador e o Perdoador. A função do acusador era levar os incrédulos a julgamento nos tribunais eclesiásticos, e os acusadores tinham, em geral, fama

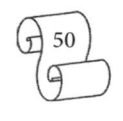

de serem corruptos. O Acusador de Chaucer não era exceção à regra, e é retratado como um indivíduo mesquinho, de rosto pálido pontilhado de pústulas e espinhas, "quente e luxurioso como um pardal", apreciador de alho e cebola — não admira que assustasse as crianças. E Chaucer dá a entender, de maneira bastante clara, que o Acusador sente atração pelo Perdoador, tão desagradável quanto ele. O Perdoador vendia indulgências papais, muitas das quais eram falsas; tinha cabelos loiros escorridos, nada de barba e uma voz tão aguda e pouco masculina que Chaucer o compara a um cavalo castrado.

Há também a Mulher de Bath, casada cinco vezes "sem contar seus companheiros de juventude"; havia, além disso, viajado a Jerusalém na Cruzada, com tudo o que isso implicava em relação à sua conduta. A viuvez dera-lhe imensa liberdade, e sua história é a de uma mulher que manda na própria vida. Na peregrinação à Cantuária, ela provavelmente está em busca do marido número seis.

Que dizer do próprio Chaucer? Ele era casado com Philippa de Roet, dama de companhia da Rainha Filipa de Hainault, esposa de Eduardo III. O casal teve muitos filhos, mas, até onde sabemos, Chaucer nunca escreveu poesias a sua esposa. É possível que o objeto inatingível de seu amor idílico fosse Branca de Lancaster, primeira esposa do patrono de Chaucer, João de Gaunt. *O Livro da Duquesa* foi escrito em homenagem a Branca após a morte dela.

UM PORNÓGRAFO DA RENASCENÇA

Pietro Aretino, nascido em Arezzo em 1492, ganhou fama e riqueza por meio de seus escritos e versos satíricos, cheios de observações sagazes. Era um safado e foi obrigado a fugir de Roma depois de escandalizar a sociedade com seu livro *Sonetos Luxuriosos*, na qual descrevia com pormenores escabrosos (e ao mesmo tempo hilariantes) as 16 posições figuradas nas gravuras eróticas de Raimondi. Foi a primeira vez em que imagens e textos pornográficos apareceram juntos — os poucos fragmentos desse livro que chegaram a nós estão guardados no Museu Britânico.

A mistura de adulação literária e chantagem que Aretino fazia permitiu-lhe viver num palácio junto ao Grande Canal de Veneza, morada que partilhava com várias pessoas, não só mulheres como também homens. Morreu como viveu, divertindo-se imensamente. Conta-se que riu tanto de uma piada suja contada por sua irmã que, segundo alguns, sufocou-se; segundo outros, ele caiu da cadeira e fraturou o crânio.

Aretino não era o único a não fazer distinção entre homens e mulheres quando o assunto era sexo. Embora a sociedade parecesse bastante aberta na prática, a verdade é que havia regras rígidas. Os florentinos fundaram bordéis heterossexuais estatais em 1415, na tentativa de afastar os jovens do homossexualismo; em Veneza, um edito do Doge determinava que as mulheres deveriam se vestir mostrando o corpo o máximo possível, a fim de incitar os homens e despertar-lhes as paixões. Na França, enquanto isso, o homossexualismo era chamado de "jeito italiano". Qualquer um que fosse pego em flagrante no ato homossexual e, depois, fosse condenado pela justiça, seria executado.

SANTOS E PECADORES

Um verdadeiro moralista não vê crime no que é natural.
Richard Carlile

EMBORA HAJA CERTA CONTROVÉRSIA acerca de quais são exatamente as virtudes cardeais, não há dúvida sobre os Sete Pecados Capitais depois da revisão da lista pelo Papa Gregório I, no século VI: ira, avareza, gula, preguiça, soberba, luxúria e inveja.

A partir do começo do século XIV, os escritores, artistas e pessoas em geral se tornaram obcecados pela noção de pecado. Pode ser que, após a destruição operada pela Peste Negra e de as pessoas terem testemunhado a realidade de "comei, bebei e alegrai-vos, pois amanhã morreremos", os Sete Pecados Capitais tenham começado a ser representados com frequência na literatura. Dante refere-se a eles em seu *Inferno* e São Tomás de Aquino escreveu extensamente sobre cada um dos sete.

Assim como cada pecado capital tem uma virtude correspondente, para cada pecador também havia um santo — pelo menos em tese —, embora nem sempre fosse fácil distinguir um do outro...

UM PAPA SANTO

O próprio Papa Gregório I foi canonizado pouco depois da morte, em 604 d.C., e é conhecido até hoje como Gregório Magno ou Gregório, o Grande. Considerado o pai da liturgia latina, ele reformou, em sua obra, as práticas de adoração da Igreja Católica. Um milênio depois, no século XVI, até o reformador protestante e antipapista João Calvino declarou que Gregório fora o último papa bom.

É improvável que Gregório tenha realmente inventado o canto gregoriano que leva seu nome, mas mesmo assim ele é o santo padroeiro de músicos, cantores, estudantes e professores.

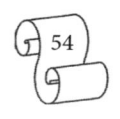

O CILÍCIO: INSTRUMENTO DE PENITÊNCIA, TORTURA OU PRAZER PERVERTIDO?

Os santos medievais eram adeptos da mortificação da carne para melhor comungar com o espírito. Os cilícios eram camisas feitas de lã de cabra ou alguma outra lã bruta, usadas em contato com a pele, de modo a irritá-la. Imaginava-se que esse desconforto constante intensificaria a consciência moral da pessoa. Para que o cilício fosse ainda mais desconfortável, às vezes vinha finalizado com ganchos de arame ou gravetinhos de madeira.

Diz-se que São Patrício da Irlanda nunca tirava o cilício, e Tomás Becket, posteriormente São Tomás de Cantuária, estava usando um cilício quando foi assassinado junto ao altar da catedral, em 29 de dezembro de 1170. Relatos da época nos contam que, quando o corpo estava sendo preparado para o enterro, a exposição ao ar frio do inverno despertou os piolhos que havia em seu cilício, o qual então "fervilhou [de piolhos] como a água num caldeirão quente".

Os cilícios, no entanto, não eram usados somente pelos santos. Os cronistas relatam muitos casos de príncipes e até imperadores que os usaram, e sem dúvida havia um número ainda maior de pessoas comuns que os usavam e cujas vidas e mortes não entraram para a história.

O imperador Carlos Magno foi enterrado vestindo um cilício no começo do século IX e, em 1077, o sacro imperador romano Henrique IV usou um cilício em sua caminhada de mais de 700 km até a cidade de Canossa, onde, penitente, foi pedir o perdão do Papa Gregório VII por ter desafiado sua autoridade. O príncipe português Henrique, o Navegador, neto de João de Gaunt, estava usando um cilício quando morreu, em 1460, e o cronista Guilherme de Malmesbury conta que Matilda, mãe da imperatriz Matilda e avó de Henrique II da Inglaterra, costumava usar um cilício sob seus mantos reais. Ele acrescenta que, durante a Quaresma, ela caminhava descalça até a igreja e lavava os pés dos doentes.

FLAGELADORES MEDIEVAIS, OS PRIMEIROS MASOQUISTAS DA HISTÓRIA

Flageladores chicoteando-se (1493)

Os flageladores medievais elevaram o desconforto do corpo a uma nova potência. Para esses fanáticos religiosos, o desconforto do cilício não era o bastante, assim como não o eram o arrependimento e a oração privada. Em rompantes de fervor, eles saíam às ruas em grupo, chicoteavam-se até chegar à histeria e finalmente caíam prostrados no chão. O primeiro caso registrado ocorreu em Perúgia, na Itália, em 1259, depois do fracasso de diversas colheitas e uma época de fome.

Desencadeou-se assim uma espécie de mania, sobretudo depois de epidemias de peste bubônica ou outras catástrofes naturais. Os flageladores usavam vestidos brancos e carregavam pesadas cruzes enquanto vagavam pela zona rural, às vezes colocando pregos de metal em seus chicotes para lacerar melhor a própria carne. De vez em quando, cantavam para acompanhar a autoflagelação.

O movimento dos flageladores foi popular em toda a Europa continental nos séculos XIII e XIV, mas nunca chegou a "pegar" na Inglaterra, embora Sir Robert Avesbury tenha descrito uma procissão de cerca de 600 flageladores chegando a Londres em 1349, em plena epidemia de Peste Negra.

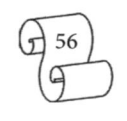

Nem a Igreja suportou os radicalismos desses fanáticos. Os flageladores foram por fim condenados como hereges pela Igreja Católica no fim do século XIV; e, quando surgiram novos sinais do movimento no século XV, a Inquisição suprimiu-o rapidamente.

TUDO POR AMOR EM UM DOS MAIS TRÁGICOS ROMANCES DA HISTÓRIA

Para o leitor moderno, o romance de Heloísa e Abelardo, que se passou há 900 anos, parece conter elementos de santidade e pecado. É uma verdadeira história de paixão, traição e separação, onde os amantes pagam um preço amargo por seu amor. Mas foi um verdadeiro escândalo para a época.

Heloísa era sobrinha do cônego Fulberto, da catedral de Notre-Dame de Paris, e era uma dama erudita, inteligentíssima e muito bonita. Orgulhoso dela e disposto a estimular-lhe ainda mais o intelecto, Fulberto nomeou como seu tutor um dos filósofos e teólogos mais populares e mais inteligentes da época: Pedro Abelardo.

O tutor e a tutelada davam-se extremamente bem. Em pouco tempo, Abelardo alegou que os cuidados de sua casa e os problemas financeiros o impediam de estudar e mudou-se para a casa de Fulberto e Heloísa. É claro que professor e aluna tornaram-se amantes; como escreveu Abelardo, "Estivemos juntos primeiro na mesma casa e depois no mesmo espírito." O casal tirava plena vantagem do tempo que passavam juntos, quando se supunha que estivessem estudando.

Embora Abelardo fosse provavelmente uns 20 anos mais velho que sua jovem amante, não há dúvida de que os dois se equiparavam em matéria de paixão e inteligência. As cartas que eles trocaram, autenticadas somente em 1980, mostram que procuravam superar um ao outro em matéria de declarações de amor e adoração.

Na época em que Fulberto descobriu o relacionamento ilícito, Heloísa já estava grávida. Os amantes fugiram para a casa da irmã de Abelardo, na Bretanha, onde nasceu Astrolábio, o filho de ambos. Abelardo procurou Fulberto e implorou perdão, pedindo-lhe permissão para se casar com Heloísa.

Embora anda estivesse furioso, Fulberto concordou; mas Heloísa estava relutante, com medo de que a reputação e a carreira de Abelardo fossem arruinadas. Na qualidade de clérigo, Abelardo havia feito voto de castidade e não poderia se casar.

Depois de muita conversa, ela concordou que eles se casassem em segredo. Astrolábio ficou com sua tia, a irmã de Abelardo, e Heloísa foi se abrigar junto às freiras do convento de Argenteuil, de onde escreveu a Abelardo uma carta profética: "Não nos resta, então, nada além disto: que, em nosso malfadado destino, o sofrimento vindouro não seja menor que o amor que já conhecemos."

Pensando talvez que Abelardo tivesse abandonado Heloísa, Fulberto começou a espalhar o boato do casamento deles, que Heloísa negava com veemência. É então que a história dos dois toma um rumo chocante: depois de subornar o criado de Abelardo, Fulberto e outros parentes contratam bandidos para atacar e castrar Abelardo. Um homem comum provavelmente teria morrido em decorrência dos ferimentos, mas ele sobreviveu. Poucas semanas depois, Abelardo e Heloísa — pela insistência do primeiro — fizeram voto de celibato e se retiraram do mundo, Abelardo para o mosteiro de St. Denis e Heloísa para o convento de Argenteuil.

Heloísa era a priorisa do convento e durante anos não teve contato algum com Abelardo. Na década de 1120, entretanto, tornou-se abadessa do Oratório do Paráclito, que Abelardo fundara nos arredores de Paris. Embora ele tivesse de ir para longe dali em razão do trabalho, os dois começaram a trocar cartas inspiradas pelo relato que Abelardo havia feito de seu relacionamento. Heloísa escrevia-lhe frequentemente, revelando que seu amor continuava forte e apaixonado.

"Elas não sabem o quanto sou hipócrita", escreveu. "Deveria estar gemendo pelos pecados que cometi, mas só consigo suspirar pelo que perdi. [...] Visões lúbricas tomam conta da minha alma infeliz com tamanha força que meus pensamentos se voltam mais para elas e para a lascívia do que para minhas orações. [...]

"Nunca busquei nada em ti exceto tu mesmo. [...] Não buscava o vínculo matrimonial."

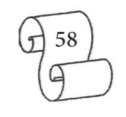

Em suas cartas, Heloísa mostra-se idealista, nobre e disposta ao autossacrifício, mas, ao mesmo tempo, parece estranhamente não convencional e corajosamente maliciosa. Nunca deixou de amar Abelardo, e talvez seja essa a verdadeira razão pela qual a história deles continua a nos atrair ainda hoje.

"Para mim", prossegue ela, "a juventude, a paixão e a experiência de prazeres tão deliciosos intensificam os tormentos da carne e as ânsias do desejo, e o ataque é forte na proporção em que a natureza atacada é fraca. [...]

"Se Augusto, imperador do mundo inteiro, decidisse honrar-me com o matrimônio e me desse a terra inteira em posse perpétua, para mim seria mais estimado e honroso ser conhecida como tua meretriz do que como imperatriz."

Infelizmente, os escritos de Abelardo indicam que ele não tinha por ela o mesmo sentimento — o que, em vista de sua mutilação, talvez não surpreenda. Afirmava que o que antes sentira fora resultado da luxúria, não do amor, e fora um pecado. Sentia que ambos deveriam dirigir sua paixão para a religião. No desejo de preservar o relacionamento, mesmo que não fosse como ela queria, Heloísa deixou então de lado seus sentimentos e escreveu a Abelardo sobre os temas que o interessavam. Sempre boa aluna, no decorrer dos 20 anos seguintes ela o questionou sobre tópicos bíblicos, morais e filosóficos.

Heloísa foi a inspiradora das melhores obras de Abelardo, garantindo que ele fosse lembrado como um dos grandes pensadores de seu século. Em troca, todos os pensamentos, confidências e confissões que ele escreveu foram dedicados a Heloísa. Seu último desejo foi o de ser enterrado num local onde ela estivesse perto do seu eterno amado.

Não se sabe ao certo se esse desejo de Abelardo foi atendido. Em tese, ambos foram sepultados no Oratório do Paráclito, mas em 1817 tiveram seus restos mortais transferidos pela imperatriz Josefina — comovida por sua história trágica — para uma cripta no cemitério Père Lachaise, em Paris. É claro que até hoje ambos os cemitérios reivindicam a honra de ser o local "oficial" de repouso desses amantes fadados à separação. Quanto ao pequeno Astrolábio, temos uma única referência a ele na correspondência que chegou a nós: uma carta que Pedro, o Venerável, que defendeu Abelardo e garantiu sua absolvição após a morte, escreveu a Heloísa oferecendo-se para encontrar para seu filho uma posição em uma das grandes igrejas.

UM SIMPLES PÁROCO DE ALDEIA? OU UM DON JUAN INVETERADO?

Hoje em dia, Montaillou é um pequeno povoado rural francês no sopé dos Pireneus. De certo modo, era muito parecido no século XIV: um povoado bastante típico, com cerca de 250 habitantes. Porém, por ser um dos bastiões do catarismo — a heresia albigense, que se opunha à corrupção da Igreja Católica —, foi sujeito a um exame cerrado por parte da Inquisição.

Jacques Fournier, o bispo local que depois se tornou o Papa Bento XII, conduzia as investigações, entrevistando os aldeões a respeito de todos os detalhes íntimos de suas vidas. Fazia volumosas anotações e, quando se mudou para Roma, levou-as consigo e deixou-as na Biblioteca do Vaticano, onde permaneceram. Elas nos dão uma visão privilegiada da vida cotidiana, não somente de Montaillou, mas também de outros povoados semelhantes naquela época.

Nos relatos sobre a vida do povoado, destaca-se a figura de Pierre Clergue, o sacerdote local. Ele se tornou o personagem principal da história que Emmanuel Le Roy Ladurie escreveu sobre o povoado, narrativa essa que foi compilada a partir dos registros de Fournier. Clergue vinha de uma família de camponeses ricos e também era cátaro, embora pareça ter conseguido se esquivar dos castigos durante anos: delatava seus paroquianos e, assim, na prática, controlava quem era preso e quem não era. Também tirou vantagem de sua posição para ter dezenas de amantes. Homem instruído, sabia encantar e bajular as mulheres; as anotações de Fournier dão a entender que não havia praticamente nenhuma mulher na região que não tivesse, mais cedo ou mais tarde, sucumbido a seu assédio.

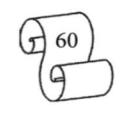

Na época, o celibato sacerdotal não era rigorosamente observado naquela região da França — embora todas as formas de sexo fossem pecaminosas segundo as crenças dos cátaros, sobretudo no casamento. Ao que parece, a promessa de uma absolvição no leito de morte limpou completamente a consciência de Clergue e ele se dedicava com todo o vigor às novas conquistas.

Uma de suas amantes mais notáveis era Béatrice de Planissoles, uma viúva rica e castelã de Montaillou. Ela já havia rechaçado as investidas de um primo de Clergue, mas não via mal algum em encontrar-se com o padre na igreja, onde ele, com toda a consideração, arrumava uma cama para ambos. Béatrice contou que ele sempre a fazia usar um colar de ervas para evitar a gravidez, mas nunca lhe disse quais ervas eram utilizadas — provavelmente, segundo as suspeitas dela, para impedi-la de usá-lo como proteção quando estivesse com outros amantes.

Grazide Fauré, prima de Clergue, foi outra de suas conquistas. Tornou-se sua amante aos 15 ou 16 anos de idade e, um ano depois, seguindo uma sugestão do próprio Clergue, casou-se com Pierre Lizier. O romance entre Grazide e Clergue durou mais alguns anos, e, quando perguntaram a ela se não o considerava pecaminoso, ela respondeu que não; e prosseguiu: "Tampouco penso que possa desagradar a Deus, pois tanto Pierre quanto eu o apreciávamos."

Outra amante do padre foi Raymonde Vital, que trabalhara como empregada na casa de uma das famílias mais ricas de Montaillou e era infeliz em seu casamento com um sapateiro, que preferia a companhia de uma série de amantes. Felizmente para ela, seu marido logo morreu e ela se viu livre para casar novamente.

A sorte de Pierre Clergue finalmente se esgotou e ele foi preso em 1320. Acabou morrendo na prisão, embora não haja registros de que tenha testemunhado perante a Inquisição.

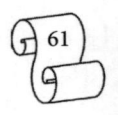

A LOBA ORIGINAL

O caso de Béatrice de Planissoles com Pierre Clergue de Montaillou durou mais ou menos dois anos, após os quais ela saiu da cidade para se casar com um membro da pequena nobreza chamado Otho Lagleize de Dalou, com quem teve vários filhos. Após a morte dele, Béatrice teve um caso com Barthélemy Amilhac, outro padre, mas muito mais novo que ela. Os dois fugiram e celebraram algum tipo de cerimônia matrimonial, embora o relacionamento tenha terminado porque Barthélemy se preocupava com a possibilidade de ser alvo de suspeitas em razão do antigo vínculo de Béatrice com os cátaros. O pai de Béatrice, por fim, também havia sido acusado de apoiar a heresia cátara. E Barthélemy tinha razão de se preocupar, pois ele e Béatrice foram presos.

Béatrice compareceu perante Jacques Fournier e a Inquisição para responder pelas acusações de blasfêmia, feitiçaria e heresia. Muitas das acusações de blasfêmia e heresia tinham base em conversas ouvidas por terceiros havia muitos anos, algumas na época de seu primeiro casamento e nenhuma delas conclusiva. No entanto, o conteúdo da bolsa de Béatrice podia ser visto como um indício de feitiçaria: havia dois cordões umbilicais secos, de seus netos, e panos manchados de sangue — segundo se diz, da primeira menstruação de suas filhas; o sangue seria transformado numa poção a ser dada aos maridos dela para garantir o perpétuo amor. Havia também incenso para curar dor de cabeça e várias ervas, entre elas rúcula, que se diz aumentar a potência sexual, bem como diversos outros remédios populares. Fournier sabia que a maioria dessas coisas eram simpatias inocentes e poções de amor. Curiosamente, a prova que acabou por condená-la foi um pedaço de pão seco, que se considerou ser um objeto religioso que indicava a simpatia dela pelos cátaros.

Tanto Barthélemy quanto Béatrice ficaram presos por mais de um ano, de março de 1321 a julho de 1322. Após libertada, Béatrice foi obrigada a usar para sempre uma cruz amarela costurada sobre suas roupas, como sinal de sua herética crença cátara. Era essa a sentença

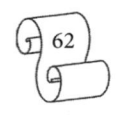

habitual para quem fosse condenado por um primeiro delito de catarismo, e era imposta com rigor. Quem quer que persistisse na heresia depois disso estava sujeito a punições mais drásticas, que geralmente culminavam na execução.

DEPOIS DO PECADO ORIGINAL, DA CULPA E DAS PENITÊNCIAS, CHEGA A INQUISIÇÃO

A Inquisição medieval foi estabelecida a princípio pela Igreja Católica na França do século XII para combater as heresias. Em específico, foi uma reação ao catarismo, disseminadíssimo no sul da França e considerado herético. A primeira Inquisição foi um conselho temporário instalado em 1184 no Languedoc, uma região da França. Depois, esse conselho se tornou permanente e foi posto sob o controle dos dominicanos em Roma e Carcassona. Depois de 1200, cada Inquisição era dirigida por um Grande Inquisidor e todos os acusados eram, em princípio, levados a interrogatório. Dependendo do resultado deste, podiam ou não ser processados.

Além das questões de crença religiosa, as investigações muitas vezes giravam em torno da imoralidade e dos pecados sexuais como indícios de heresia. Os castigos eram a morte (geralmente pela fogueira), a prisão e o exílio, sendo que muitos prisioneiros eram, preliminarmente, torturados; uma bula do Papa Inocêncio IV, de 1252, autorizava explicitamente o uso da tortura contra os hereges. É claro que esse sistema poderia ser objeto de abuso: visto que simples boatos ou rumores eram suficientes para que uma pessoa fosse interrogada, qualquer um que tivesse ressentimento contra outrem poderia se livrar de seu inimigo delatando-o à Inquisição.

A INQUISIÇÃO ESPANHOLA

Dois monges dominicanos queimados na fogueira pela Inquisição
por terem supostamente feito um pacto com o diabo (1549)

A mais famigerada manifestação da Inquisição católica que visava a
preservar a ortodoxia em toda a Europa no fim da Idade Média foi a
Inquisição Espanhola. Estabelecida em 1481 por Ferdinando II de Aragão e Isabel I de Castela, o Tribunal do Santo Ofício da Inquisição na
Espanha mostrou-se imensamente resistente e sobreviveu, de uma forma ou de outra, até 1834, quando foi finalmente abolido por Isabel II.

Ao contrário de sua predecessora, a Inquisição Espanhola era
controlada pelos monarcas espanhóis e não pelo papa. Esses monarcas eram particularmente rigorosos com pessoas de outras reli-
giões — foi por volta dessa época que a Espanha finalmente venceu
os mouros e ganhou controle total sobre a Andaluzia, território onde
também havia uma população judia significativa.

Ordenou-se aos muçulmanos e aos judeus que se convertessem ou
abandonassem o país, e muitos foram obrigados a exilar-se. Os acusados de serem protestantes eram, na maioria das vezes, queimados caso
sua culpa se confirmasse. Depois de seis pessoas serem queimadas vivas em Sevilha, no dia 6 de fevereiro de 1481, o chamado "auto-da-fé"

tornou-se uma característica particular do novo regime; a Inquisição mostrou-se intensamente ativa até a década de 1530. Novos julgamentos continuaram sendo efetuados ao longo de todo o século XVI, embora a Inquisição tenha se tornado aos poucos menos repressiva. Cerca de 200 pessoas foram acusadas de ser protestantes nas últimas décadas do século XVI — uma queda considerável em comparação com as muitas centenas que já haviam sido condenadas e executadas.

A caça às bruxas na Espanha foi muito menos intensa que em outras partes da Europa — com destaque para a Alemanha, a França e a Escócia, onde a bruxaria era vista como grande heresia —, mas outros delitos eram julgados pela Inquisição. Qualquer desvio em relação ao "caminho árduo e estreito" era um pecado, e os pecados tinham de ser punidos. A alma tinha de ser salva, mesmo que para isso o corpo tivesse de ser carbonizado.

A blasfêmia era uma das contravenções mais comuns. Entravam nesse campo as falsas crenças religiosas, a imoralidade sexual e outras formas de comportamento imoral, inclusive do clero, embora os castigos severos fossem relativamente raros. Parece que a bigamia era largamente praticada, talvez porque fosse quase impossível obter um divórcio. A pena para os homens era passar cinco anos servindo numa galera real, o que equivalia a uma sentença de morte; não era raro que também houvesse casos de mulheres bígamas, que geralmente eram presas caso sua culpa se confirmasse.

Apesar de um decreto papal, segundo o qual a sodomia só deveria ser julgada pela Inquisição caso estivesse ligada a alguma heresia religiosa, a Inquisição Espanhola transformou-a numa prioridade. Na época, a sodomia incluía não somente o sexo anal homossexual, mas também o sexo anal heterossexual, o estupro e a bestialidade. O Tribunal de Zaragoza era especialmente severo: interrogou 101 homens num período de oito anos durante a década de 1570 e executou pelo menos 35 deles. A última execução por sodomia ocorreu ali em abril de 1633, e os registros indicam que, no todo, o tribunal da Inquisição condenara mil pessoas por esse crime e queimara 170 delas, sendo 84 por bestialidade.

OS BÓRGIAS

Cobiça, corrupção, luxúria, intriga, assassinato: tudo isso está presente na história dos Bórgias. Desde o auge da família, nos séculos XV e XVI, seu nome se tornou sinônimo de crueldade e indecência.

Os Bórgias ou Borjas, como eram chamados originalmente, vieram de Valência, que na época fazia parte do reino de Aragão. O primeiro Bórgia a ganhar proeminência foi Afonso, que havia sido professor de direito e diplomata antes de se tornar o Papa Calixto III em 1455, aos 77 anos de idade. Parece ter sido bastante honesto, pelo menos segundo os padrões da época, embora tenha promovido os interesses de sua família — especialmente do sobrinho Rodrigo, nomeado cardeal aos 25 anos.

RODRIGO BÓRGIA

Quando Calixto morreu, em 1458, Rodrigo logo encontrou um novo aliado no papa seguinte, Pio II. Dedicou-se então à aquisição de terras e benefícios eclesiásticos e à multiplicação de sua riqueza e poder. Construiu também uma reputação de promiscuidade e foi repreendido várias vezes por Pio. É evidente que as repreensões não tiveram efeito, pois, quando Rodrigo finalmente se tornou papa e adotou o nome de Alexandre VI, em 1492, já havia tido oito filhos com pelo menos três mulheres.

Os quatro filhos dos quais era mais próximo e que partilham sua má fama foram Giovanni, César, Lucrécia e Godofredo, todos nascidos da aristocrata Vanozza dei Catanei, que durante muito tempo foi amante ilícita de Rodrigo Bórgia.

Depois de chegar ao papado, Alexandre VI passou a promover abertamente seus filhos e sua família, dando-lhes cargos, terras e riquezas. Giovanni, seu primogênito e filho predileto, foi nomeado comandante-em-chefe do exército papal; já César foi designado cardeal e, numa tentativa de assegurar uma aliança entre duas dinastias, a jovem Lucrécia casou-se, aos doze anos, com Giovanni Sforza, membro da família que comandava a cidade de Milão. Godofredo, por sua

vez, casou-se com Sancha de Aragão. Alexandre instalou a mãe de seus filhos na corte papal e, mais tarde, instalou sua jovem amante Giulia Farnese num palácio vizinho ao Vaticano, onde ela moraria com Lucrécia.

Alexandre tinha a intenção de que Giovanni assumisse o trono de Nápoles, mas suas ambições chegaram a um abrupto fim quando Giovanni foi encontrado morto no Rio Tibre. Sua garganta fora cortada e seu corpo exibia nove punhaladas. Tinha apenas 20 anos, mas, por seu caráter instável e violento, assim como por suas constantes relações com as esposas de outros homens — entre as quais, segundo se diz, a de seu irmão Godofredo —, havia feito muitos inimigos. Desde o início, as suspeitas pelo assassinato recaíram sobre seu irmão César. Talvez os dois fossem rivais no amor de sua cunhada Sancha ou mesmo de sua irmã Lucrécia, e é estranho que Alexandre, embora tenha ficado realmente arrasado com a morte do filho, aceitou tranquilamente o fato de ninguém ter sido jamais condenado ou mesmo formalmente acusado pelo assassinato. Dado o caráter de César, também é notável que ele não tenha se vingado do perpetrador.

CÉSAR BÓRGIA

César certamente se beneficiou da morte do irmão, pois herdou sua posição de filho predileto e acumulou ainda mais riqueza e poder. Persuadiu Alexandre a liberá-lo de seus votos religiosos e tornou-se o primeiro homem na história a renunciar ao chapéu de cardeal. Foi nomeado legado papal na França, onde recebeu o título de Duque de Valentinois e se casou com a Princesa Carlota, uma parente do Rei Luís XIII, com quem teve um filho. De volta à Itália, César se dedicou a reafirmar o controle da família Bórgia sobre os Estados Papais.

A seu respeito, o embaixador veneziano relatou: "Todas as noites, quatro ou cinco homens são encontrados mortos — bispos, prelados e outros —, de modo que Roma inteira treme de medo de ser assassinada pelo duque."

LUCRÉCIA BÓRGIA

Lucrécia Bórgia

Giovanni Sforza se mostrou pouco útil como aliado ou combatente, e por isso seu casamento com Lucrécia foi anulado em dezembro de 1497 a pretexto de nunca haver sido consumado. Lucrécia, entretanto, estava grávida de seis meses, e um filho, chamado Giovanni, nasceu em segredo em março de 1498. A existência desse filho misterioso permaneceu ignorada durante três anos, durante os quais vieram à tona especulações de todo tipo. Também chamado de Infante Romano, o jovem Giovanni Bórgia foi objeto de dois decretos papais. O primeiro declarava que ele era filho ilegítimo de César, e o segundo que era filho ilegítimo de Alexandre — em parte alguma se admitia que Lucrécia era a mãe, fazendo os decretos inflamarem rumores de incesto.

César talvez tenha ordenado o assassinato de Perotto, suposto amante de Lucrécia, ou talvez não; o fato é que o corpo desse infeliz

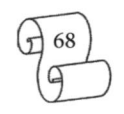

foi lançado no Tibre em fevereiro de 1498, junto com o da criada que supostamente havia facilitado o encontro dos amantes. Além de Perotto estar impedindo um casamento dinástico, também corriam boatos de que ele era o pai do jovem Giovanni, e César tinha ciúmes de sua influência.

Numa outra aliança política, Lucrécia casou-se então com o Príncipe Afonso de Aragão. O jovem príncipe dificultava as ambições de César de fortalecer relações com a França e romper com o reino de Nápoles; por isso, foi devidamente eliminado. Sobreviveu a um atentado a faca em julho de 1500, mas, enquanto se recuperava de seus ferimentos, foi estrangulado. É quase certo que César foi o responsável por ambos os crimes.

Lucrécia foi representada muitas vezes como uma mulher hábil no uso dos venenos, e os rumores de incesto entre ela e César persistiram até os tempos modernos. No entanto, historiadores recentes a retrataram sob uma luz mais favorável: como uma vítima das intrigas e fraudes de sua família — uma inocente útil a serviço das tramas políticas dos Bórgias.

LIBERTINAGEM

Havia também os relatos de libertinagem e de abusos. O chamado Banquete das Castanhas, em outubro de 1501, foi especialmente decisivo para selar a reputação dos Bórgias.

O bispo Johann Burchard, mestre de cerimônias do papa — que, convém não esquecer, era o patriarca dos Bórgias — registrou em seu diário que 50 prostitutas e cortesãs compareceram ao banquete, após o qual dançaram, primeiro vestidas e depois nuas. Velas foram distribuídas aos convidados e o piso do salão foi forrado de castanhas, que as dançarinas nuas deviam recolher arrastando-se de quatro pelo chão. O Papa Alexandre, César e Lucrécia contemplavam a cena; enquanto isso, gibões de seda, sapatos e chapéus eram dados como prêmios aos homens que mais vezes fossem capazes de se unir sexualmente às prostitutas nessa orgia pública.

Burchard também conta que os três Bórgias, a salvo num terraço, assistiram a uma briga entre garanhões num recinto cercado na Praça de São Pedro. Depois, os garanhões correram em direção a éguas cativas e as cobriram, ferindo-as com coices.

Desfigurado pela sífilis ao cabo de uma existência relativamente breve, César usava uma máscara sempre que tinha de aparecer em público. No entanto, mesmo no auge de sua infâmia, era admirado por sua energia e coragem, e sabia ser encantador quando queria. Foi o pai de pelo menos 11 filhos ilegítimos, com diversas mulheres.

O FIM DA HISTÓRIA

Em agosto de 1503, tanto Alexandre quanto César foram vitimados pela febre. César se recuperou, mas o papa, de 72 anos, não. Suspeitou-se de envenenamento, mas o mais provável é que houvessem contraído malária. Roma era quente e insalubre no verão, e a doença era muito comum.

A posição de César já não era segura. Embora tenha tentado negociar um acordo com o Papa Júlio II, eles se tornaram inimigos. César morreu em uma batalha em 1507, enquanto sitiava um castelo em Navarra. Tinha apenas 32 anos.

Lucrécia permaneceu na companhia de seu terceiro marido, Alfonso d'Este, Duque de Ferrara, com quem teve vários filhos. Como Duquesa de Ferrara, a partir de 1505, Lucrécia criou uma boa reputação de protetora das artes e promoveu o florescimento de uma comunidade artística em seu Estado. Morreu em 1519, aos 39 anos, depois de dar à luz uma filha natimorta.

Os Bórgias foram infames em vida e certamente foram culpados de uma série de crimes escandalosos: corrupção ativa e passiva, furto e roubo, assassinatos, envenenamentos, estupro e, talvez, para completar a lista, incesto. Embora isto não compense o mal que fizeram, podemos afirmar que a astuta diplomacia e a sagaz administração de Alexandre, sem mencionar seu acúmulo de riquezas, garantiram a sobrevivência do papado numa época em que essa instituição não estava nem um pouco segura. Ao lado de outras famílias da época, poderosas e igualmente impiedosas, os Bórgias também foram benfeitores e patronos das artes, que contribuíram com a cultura de sua época; sem eles, algumas das maiores obras-primas da Renascença jamais teriam sido produzidas.

Os Bórgias continuaram influentes ao longo do século XVI, embora não fossem mais tão barulhentos. Vários deles ocuparam postos de destaque na religião e na política, e Francisco Bórgia, que viveu de 1510 a 1572, chegou até a ser canonizado.

O CASAMENTO NA ÉPOCA DA REFORMA

Martinho Lutero foi um importante reformador e uma figura seminal da Reforma Protestante do século XVI, que mudou a história da religião cristã, da Europa e do mundo.

Lutero nasceu em 10 de novembro de 1483 em Eisleben, na Saxônia. Após uma educação universitária preliminar, matriculou-se numa escola de direito, mas sentia-se cada vez mais atraído pela teologia e pela filosofia. Entrou para um convento agostiniano em Erfurt, em 1505, e foi ordenado sacerdote em 1507. Cinco anos depois, tornou-se professor de teologia na Universidade de Wittenberg. Foi ali, em 1517, que redigiu suas revolucionárias *95 Teses sobre o Poder e a Eficácia das Indulgências*, atacando a venda de indulgências e os abusos do papa. Graças ao desenvolvimento da imprensa, os escritos de Lutero se espalharam rapidamente pela Europa e catalisaram a Reforma Protestante. Depois, Lutero traduziu a Bíblia para o alemão, impactando profundamente a língua e a cultura alemãs e ajudando a inspirar a versão bíblica do Rei James, na Inglaterra. Também escreveu hinos a serem cantados nos cultos, coisa que, na época, foi uma espécie de revolução.

Já fazia tempo que Lutero condenava a obrigação de os padres fazerem voto de castidade, embora acreditasse que ele próprio jamais viria a se casar: "Minha mente é avessa ao matrimônio, pois a cada dia tenho a expectativa de morrer como herege." Em 1525, porém,

depois de ajudar um grupo de freiras desiludidas a escaparem de um convento católico, escondidas dentro de barris de arenque, Lutero casou-se com Catarina von Bora, uma das fugitivas.

Parece que o casamento deles foi bem-sucedido e feliz. Pouco mais de um ano após a união, Lutero disse: "Minha Catarina me agrada demais e faz tanto as minhas vontades, em todas as coisas, que eu não trocaria minha pobreza pela riqueza de Creso, o poderoso rei da Líbia."

O casal teve seis filhos, quatro dos quais sobreviveram. Além disso, criaram quatro órfãos. Catarina ajudava na renda da família trabalhando como agricultora e recebendo hóspedes na casa deles, o Claustro Negro, um antigo mosteiro que lhes foi dado como presente de casamento. No mesmo lugar, dirigia um hospital com a ajuda de outras enfermeiras.

O SEXO NO CASAMENTO DEPOIS DA REFORMA LUTERANA

Além das mudanças na doutrina e no culto, Lutero e o protestantismo afetaram as atitudes em relação ao sexo e ao casamento. Atribuiu-se uma importância muito maior ao sexo no contexto do casamento, e a união íntima deixou de ser vista como um pecado. O próprio matrimônio passou a ser encarado como uma união de amor, e mesmo um dever sagrado, e não como algo semelhante a uma sociedade comercial. Quando Lutero ficou sabendo que seu amigo George Spalatin — outro ex-sacerdote — estava para se casar, ficou contente e escreveu-lhe a fim de parabenizá-lo. No fim da carta, acrescentou: "Quando dormires com a tua Catarina e a abraçares, deves pensar: 'Esta filha do homem, esta maravilhosa criatura de Deus me foi dada por meu Cristo. Que ele seja louvado e glorificado.' Na noite do dia em que, segundo meus cálculos, receberás esta carta, farei amor com minha Catarina enquanto fazes o mesmo com a tua. Assim, estaremos unidos no amor."

Essas referências francas e abertas ao amor sexual parecem ter sido típicas da época.

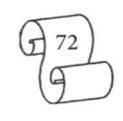

O ÔNUS DO PECADO

Paradoxalmente, as epidemias de peste negra que dizimaram a população europeia no fim da Idade Média atuaram como uma chamada ao prazer inconsequente, estimulando a libertinagem e a promiscuidade sexual diante da possibilidade da morte.

A nova pestilência que varreu o mundo renascentista no fim do século XV, porém, foi encarada de outra maneira. Foi vista como um juízo de Deus sobre os pecadores, para os quais a única resposta possível era o arrependimento e a mudança de vida.

SÍFILIS: A PESTE SEXUAL

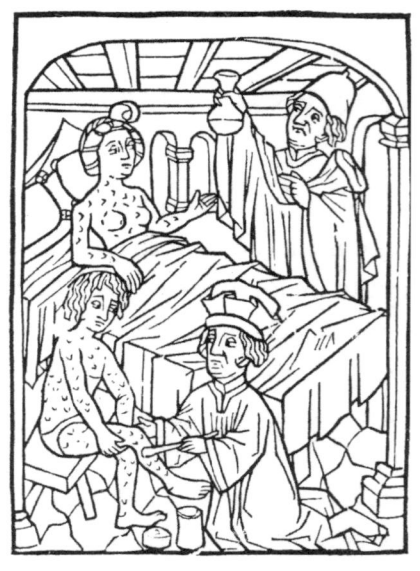

A mais antiga representação conhecida
de vítimas da sífilis (1498)

A "grande peste" que devastou a Europa durante algumas décadas a partir de 1495 foi uma epidemia de sífilis. Os sintomas se manifestaram primeiro em tropas francesas que sitiavam Nápoles; quando os soldados voltaram à França, levaram a infecção consigo. A doença foi oficialmente registrada em Nápoles em janeiro de 1496. Meros dois meses depois, havia casos suficientes em Paris para que as autoridades começassem a tentar controlá-la. Sem sucesso: ela parece ter chegado na Inglaterra na virada do século XVI.

De início, a culpa pela sífilis foi atribuída aos marinheiros de Colombo, que teriam voltado do Novo Mundo com uma doença nova e virulenta contra a qual os europeus não tinham imunidade alguma. Muitos mercenários espanhóis que navegaram com Colombo estavam entre as tropas francesas que entraram na Itália em 1495. No entanto, para que a doença se disseminasse tão rápido quanto se disseminou, seria preciso que os membros da tripulação, em torno de 50, tivessem se mantido extremamente "ocupados" depois que chegaram da América.

Circularam outras teorias sobre a origem da doença, e a questão ainda é fervorosamente debatida pelos historiadores da medicina. Alguns afirmam que uma doença já existente, mas branda, sofreu uma mutação e se tornou patogênica; outros, que a sífilis já existia, mas simplesmente, por erro de diagnóstico, era habitualmente confundida com a lepra. Uma das ideias mais extravagantes foi proposta na época por Francis Bacon, que imaginava ser a doença resultado do canibalismo vigente nas Índias Ocidentais.

Enquanto isso, todo mundo tinha uma teoria para a origem da doença: os franceses chamavam-na de doença napolitana e os italianos, os espanhóis e os britânicos apelidavam-na de doença francesa; os russos denominavam-na doença polonesa, e os alemães se referiam a ela como sarna espanhola. Caso tivesse sido descoberta por Lutero, ele sem sombra de dúvida colocaria a culpa nos judeus.

O doutor Pedro Pinto, médico de Alexandre VI, descreveu a sífilis como "uma doença obscena: chamas medonhas levantam-se internamente nos órgãos vitais, ao passo que feridas e crostas imundas profanam a pele". Ele teria tratado César Bórgia, filho do papa, que pegou sífilis quando estava na França.

Girolamo Fracastoro, poeta e médico italiano, foi o responsável por dar à doença seu nome oficial. Em seu poema *Syphilis sive morbus*

gallicus (A sífilis, ou a doença francesa), um camponês grego chamado Sífilis cai doente e fica com o corpo coberto de úlceras depois de enfurecer Apolo. É curado por Hermes, deus da medicina.

Quer se tratasse de uma doença completamente nova, ou fosse a mutação de uma doença já existente, a sífilis que flagelou a Europa no final do século XV foi extraordinariamente severa e mortífera, espalhando-se com rapidez. Num livro sobre o tema, publicado em 1539, Ruy Diaz de Isla estimou que mais de um milhão de pessoas estivessem infectadas em toda a Europa.

Thomas Sydenham, médico inglês do século XVII, descreveu detalhadamente alguns dos sintomas mais abomináveis da doença numa carta que escreveu a Henry Paman. Primeiro surgia nos órgãos genitais uma mancha vermelha, seguida por um corrimento uretral. Desenvolvia-se uma úlcera dolorosa, seguida pelo inchaço dos nódulos linfáticos da virilha. Vinham depois a cefaleia e dores generalizadas, e a seguir o corpo inteiro se cobria de feridas. Nódulos desenvolviam-se sobre os ossos do crânio, das pernas e dos braços; as membranas mucosas, os tecidos moles e as cartilagens, sobretudo a do nariz, eram corroídos por tumores. Muitos outros relatos da época descrevem os infectados cobertos da cabeça aos joelhos de feridas malcheirosas e purulentas, com a carne praticamente caindo-lhes do rosto.

Na época em que Thomas Sydenham escreveu, a doença já perdera parte de sua virulência, talvez em razão do aperfeiçoamento na higiene e nos padrões de vida, ou pelo fato de a população ter desenvolvido certo grau de imunidade. No entanto, mesmo essa melhora teve um lado negativo, pois se tornou mais fácil esconder os sinais de infecção. As pessoas nem sempre sabiam que haviam sido infectadas; quando a ferida inicial desaparecia e a sífilis entrava em dormência, muitos imaginavam que estavam curados. A doença era então transmitida a outros parceiros sexuais e aos filhos, que nasciam com sífilis congênita, a qual causava problemas e deformações de todo tipo.

APÓS A PESTE NEGRA E A SÍFILIS, A GRANDE CA-
TÁSTROFE: O FECHAMENTO DOS BORDÉIS

As profissionais do sexo geralmente eram consideradas culpadas pela disseminação de doenças como a gonorreia e outras infecções, mas o horror e a escala da nova epidemia que varreu o continente incitou o clamor da população pelo fechamento dos bordéis, além de solicitações por uma nova ordem moral. No entanto, nenhuma das novas leis aprovadas conseguiu conter a prostituição. O fechamento das casas de tolerância simplesmente fez com que o problema se espalhasse ainda mais, pois as mulheres vendiam o corpo nas ruas. Em 1490, os registros oficiais dão conta de 7.000 prostitutas em Roma e mais de 11.000 em Veneza; esses números não se alteraram quando leis antiprostituição foram aprovadas.

Na Inglaterra, em 1504, Henrique VII tentou fechar os bordéis em todas as principais cidades. Segundo *The Survey of London* (O Levantamento de Londres), escrito por John Stow, um historiador da era elisabetana, as casas de tolerância recém-pintadas em Bankside, à beira do Tâmisa, com nomes como The Crane (O Pelicano), The Bell (O Sino), The Cardinal's Cap (O Chapéu do Cardeal) e The Swan (O Cisne), fecharam-se por breve período e logo reabriram — mas, desta vez, com um número menor de prostitutas, pois muitas haviam se espalhado por outras partes da cidade e pelos subúrbios.

HENRIQUE VIII: GUARDIÃO DA MORAL...
DOS OUTROS!

Foi Henrique VIII, filho de Henrique VII, quem impôs as duas leis mais rígidas que limitavam a liberdade sexual. A primeira foi a Lei da Sodomia de 1533, que Thomas Cromwell, primeiro-ministro de Henrique, conseguiu fazer aprovar no parlamento.

A "sodomia" (*buggery*) era definida como qualquer ato sexual antinatural. Incluíam-se nessa categoria o sexo anal em geral, o incesto, a bestialidade e até a feitiçaria. Em essência, a lei proibia qualquer ato sexual não convencional, e tanto Henrique VIII como os outros

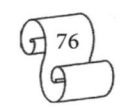

Tudor consideravam-na uma proteção extremamente útil contra seus muitos inimigos. A sodomia era definida como um crime de lesa-majestade, punível com a morte e com a desonra de um enterro sem ritos religiosos. A lei continuou válida até o século XIX.

Então, em abril de 1546, Henrique VIII ordenou o fechamento dos "ensopados"[7] de Londres e de todas as casas de prostituição dentro do seu reino. Um edito proclamado pelos arautos nas ruas, literalmente a toque de trombeta, determinava que os bordéis fossem fechados imediatamente. Diversões medievais correlatas, como as brigas de cães ou entre cães e ursos, também deveriam ser suspensas de imediato.

A lei declarava a intenção de pôr fim à "tolerância para com pessoas dissolutas e miseráveis a quem se permitiu residir em lugares abertos ao uso comum, chamados 'ensopados', sem que fossem punidas ou corrigidas por seus pecados abomináveis e odiosos". É claro que tudo isso cheirava a hipocrisia, dado o gosto do próprio Henrique pela companhia de mulheres eufemisticamente chamadas de "gansas de Winchester". Não que ele frequentasse os ensopados; em geral, as mulheres eram levadas até ele pelo arcebispo Stephen Gardiner, ex-bispo de Winchester, que foi ele mesmo infectado pela sífilis em 1553. Ainda se discute se os problemas de saúde de Henrique VIII sofridos no fim da vida, e seus períodos de impotência e sua incapacidade de produzir um herdeiro homem saudável, não seriam consequências da sífilis.

Assim como em outros países da Europa, as leis tiveram pouco efeito; na verdade, é possível que tenham piorado a situação. A supervisão da moralidade pública se tornou mais difícil, pois muitas prostitutas se mudaram para tavernas ou bares, de modo que sua presença se tornou menos lícita e mais disseminada. Pelo menos dois "ensopados" mencionados por John Stow continuavam funcionando na época de Shakespeare, ou seja, mais para o fim do século XVI.

---

7 *Stews*, em inglês. O apelido tem a ver com a origem dos prostíbulos na Inglaterra, que começaram como saunas masculinas. (N. do E.)

Pintados de branco e com suas placas ainda em evidência, O Chapéu do Cardeal e O Sino eram convenientemente próximos de vários teatros e eram um destino popular tanto para os atores quanto para seu público.

BRIDEWELL, UMA PRISÃO PARA PROSTITUTAS E PERVERTIDOS

A prisão de Bridewell em 1667

A opinião pública, no entanto, estava mudando e as atitudes endureceram de modo geral. Prostitutas notórias foram expulsas de certas cidades com a promessa de que seriam chicoteadas e marcadas com ferro quente caso ousassem retornar. Os que não seguiam as regras sexuais poderiam ser obrigados a usar colares especiais, de cor amarela e verde, como sinal de desgraça.

Muitas autoridades municipais passaram, como questão de rotina, a chicotear prostitutas e raspar-lhes a cabeça antes de levá-las em procissão pela cidade sobre uma carroça, enquanto uma multidão as

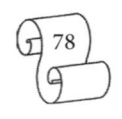

ridicularizava, as alvejava com legumes podres e batia panelas. Numa outra forma de humilhação ritual, os transgressores eram levados sobre a carroça até o pelourinho e passavam a noite no tronco. Em 1550, Rowland Hill, prefeito de Londres, começou a promover essas carreatas com todas as pessoas condenadas por crimes contra a castidade, mesmo que fossem ricas. Essa medida não teve apoio popular.

O presídio de Bridewell, em Londres, se tornou a pior sequela. Foi a primeira "casa de correção" na Inglaterra especialmente construída para abrigar prostitutas, pessoas culpadas de imoralidade sexual, andarilhos e pequenos contraventores. Construída no estilo de Hampton Court, às margens do Tâmisa e perto da ponte de Blackfriars, Bridewell fora originalmente um dos palácios de Henrique VIII. Em 1552, seu filho Eduardo VI doou-o à cidade para ser usado como reformatório.

As sentenças de prisão não tinham duração definidas. Uma vez jogados na cadeia, os prisioneiros ali permaneciam até que alguém lhes pagasse a fiança. Bridewell era um misto de prisão e casa de trabalhos forçados e, por isso, era cheia não somente de grilhões e troncos de tortura, mas também de moinhos girados por seres humanos e máquinas de desfibrar cânhamo. Os prisioneiros fracos demais para fazer trabalhos pesados tinham de fabricar colchões. Os mais sortudos aprendiam a moer trigo ou ferrar cavalos.

As punições, no entanto, eram sádicas — sobretudo para as mulheres. Estas eram regularmente chicoteadas diante das autoridades da prisão; espancamentos, inanição e mesmo estupro coletivo não eram fenômenos incomuns.

Como modelo de casa correcional, "Bridewell" tornou-se o nome comum de instituições semelhantes em outras cidades do país.

REIS E RAINHAS QUE PULARAM A CERCA

Nada tem sido tão fatal para os homens, especialmente para os grandes homens, quanto o se entregar ao amor proibido de mulheres.

Rei Jaime II

DESDE OS TEMPOS ONDE HOMENS E MULHERES mantêm relacionamentos ilícitos, os reis e rainhas do mundo inteiro nunca foram exceções. Na verdade, é provável que eles ganhem da plebe em matéria de indecência. Nada como o poder, a posição e a riqueza para tornar uma pessoa especialmente atraente; e, quando esse poder se combina com um título de realeza, o resultado é um potentíssimo afrodisíaco. Ao longo dos séculos, nunca houve falta de candidatas e candidatos à posição de amante do rei ou da rainha.

HENRIQUE VIII

Caso se peça a qualquer pessoa que cite um rei que pulou a cerca, a maioria mencionará o Rei Henrique VIII da Inglaterra. Basta olhar um retrato do rei em idade madura para saber que ele era um homem de apetite prodigioso — refiro-me a todos os tipos de apetite. Como seu descendente distante, o atual Príncipe Charles, Henrique era diferente porque realmente queria se casar com suas amantes. Ficamos nos perguntando: se o telefone celular existisse no século XVI, o que seria revelado por gravações das conversas secretas de Henrique VIII? Mas, na ausência de telefone, o rei — casado então com sua primeira esposa, Catarina de Aragão, viúva do falecido irmão de Henrique — escreveu à sua amante Ana Bolena numerosas cartas de amor devocional, assinadas com as iniciais HR (Henricus Rex) à esquerda e à direita de um coração com as letras AB.

H. aultre (A.B) ne cherse R.

A assinatura de Henrique VIII numa carta de amor a
Ana Bolena: "HR não busca nenhuma outra"

Henrique ficou tão apaixonado pela vivaz Ana Bolena que se dispôs a romper com Roma, arriscou-se a sofrer a condenação eterna por excomunhão e realizou uma reforma radical da Igreja estabelecida. A Inglaterra nunca mais foi a mesma, somente para que Henrique pudesse se divorciar e depois casar-se com o amor da sua vida. (Até que ficou claro que ela não geraria um herdeiro do sexo masculino, quando então entrou em cena a esposa número 3.)

Ana passara vários anos como dama de companhia na corte francesa. Quando voltou à Inglaterra, em 1522, atraiu muitos admiradores, tanto por sua aparência quanto por sua inteligência e espirituosidade. Henrique já tinha tido um caso com Maria, irmã de Ana, que resultara no nascimento de um bebê. Quando voltou sua atenção para Ana, esta resistiu. Isso só serviu para torná-lo ainda mais determinado, e ele cobriu a família Bolena de presentes e títulos. Ana tornou-se Marquesa de Pembroke em 1532 e, no começo de 1533, já estava grávida de Henrique. Obrigado a agir rapidamente, em janeiro ele se casou com ela numa cerimônia secreta e imediatamente se separou da Igreja Católica, assinando o Ato de Supremacia a fim de declarar-se chefe da igreja inglesa.

Numa cerimônia luxuosíssima realizada na Catedral de Westminster, em junho de 1533, Ana foi coroada rainha da Inglaterra. Elisabete, primeira filha do casal, nasceu em setembro de 1533. Menos de três anos depois, em 19 de maio de 1536, Ana Bolena foi executada na Torre de Londres, vítima da Lei da Sodomia, que fora aprovada no ano de seu casamento.

A QUEDA DE UMA RAINHA

Depois do nascimento de Elisabete, duas novas gestações, no verão de 1534 e em janeiro de 1536, terminaram em abortos espontâneos. O público nunca se afeiçoara a Ana e preferia sua predecessora, Catarina de Aragão. Logo começaram a correr rumores de que Ana teria seis dedos numa mão e seria uma bruxa. Os filhos natimortos foram encarados como novas provas de sua culpa.

Parece que nem o próprio Henrique estava imune a especulações tão despropositadas. Quando descobriu que o segundo bebê abortado era menino, convenceu-se de que o casamento estava amaldiçoado e chegou a culpar Ana por seus períodos de impotência, uma vez que se dizia que as bruxas conseguiam causar esse problema.

A essa altura, Ana já havia se desentendido também (por motivos políticos) com Thomas Cromwell, o braço-direito de Henrique, e isso selou seu destino. Cromwell e Henrique demoliram a sua reputação e acusaram-na do crime de sodomia, palavra que na época significava qualquer ato sexual que pudesse desagradar a Deus. Mas ainda precisavam de provas de sua conduta sexual antinatural.

Mark Smeeton, um jovem músico flamengo que frequentava a corte, foi preso em abril de 1536 e torturado até confessar ter tido relações sexuais com a rainha. Sir Henry Norris, Sir Francis Weston e William Brereton fizeram confissões semelhantes sob tortura, e até o Lorde George Rochford, irmão de Ana, foi acusado de incesto. O filho natimorto foi dado como prova dessa união maldita.

O próprio pai de Ana e também seu tio, o Duque de Norfolk, fizeram parte da comissão secreta que investigou seus "crimes".

No julgamento, Ana foi acusada de adultério e bruxaria. Condenada, foi aprisionada na Torre de Londres. Foi a primeira rainha inglesa a ser publicamente executada, apesar de que, como sinal especial de "misericórdia", foi decapitada por um espadachim francês, que não usou o habitual machado. Talvez seja difícil de acreditar, mas, em seu último discurso, ela louvou o marido: "Nunca houve príncipe mais misericordioso; e ele sempre foi para mim um senhor bom, gentil e soberano."

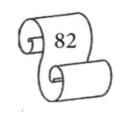
Qualquer sofrimento que Henrique possa ter sentido pela perda do amor de sua vida durou bem pouco. No dia seguinte ele ficou noivo de sua sucessora, Jane Seymour, com quem se casou em 30 de maio no Palácio de Whitehall.

ANA DE CLEVES, A ÉGUA DE FLANDRES

Com apenas um herdeiro (legítimo) do sexo masculino, o jovem Príncipe Eduardo, Henrique estava desesperado para garantir a continuidade da sua linhagem. Assim, quando morreu Jane Seymour, buscou outra esposa. Impressionado com a beleza de um retrato pintado por Hans Holbein, escolheu a princesa alemã Ana de Cleves.

Ao conhecer pessoalmente sua noiva, porém, Henrique ficou estarrecido com a aparência dela. "Não é bonita como se havia dito", queixou-se. Não obstante, encorajado por Thomas Cromwell, que havia arranjado a união, determinou-se a seguir em frente e casar-se com "a égua de Flandres", como a chamava. Se não o fizesse, sua aliança com a Alemanha ficaria prejudicada.

Os dois se casaram no Palácio da Placentia, em Greenwich, em 6 de janeiro de 1540. A noite de núpcias foi um fiasco. Na manhã seguinte, Henrique disse a Cromwell: "Antes já não gostava dela, mas agora gosto menos ainda." Ele não gostou do cheiro dela, sua aparência física o repugnava e ele não acreditava que ela fosse virgem. Não há relato acerca das opiniões de Ana sobre seu "charmoso" marido.

Em julho do mesmo ano, o casamento foi anulado por não ter sido consumado. Ana foi generosamente recompensada, inclusive com várias propriedades fundiárias. Depois disso, passou a ser chamada de "Amada irmã do Rei", visitava a corte com frequência e viveu mais que todas as outras esposas de Henrique. Já Thomas Cromwell não se deu tão bem: em 28 de julho de 1540, como consequência direta do desastroso casamento, foi executado por traição e heresia.

DIVORCIADA, DECAPITADA, MORTA, DIVORCIA-DA, DECAPITADA, SOBREVIVENTE

Catarina Howard, a quinta esposa de Henrique, sofreu o mesmo destino de sua prima Ana Bolena, com uma diferença: é quase certo que a Rainha Catarina realmente era culpada de adultério.

Catarina, bela e jovem, havia sido criada com liberdade na casa de sua tia viúva, a Duquesa de Norfolk, onde a norma era um comportamento despreocupado e licencioso. Ali tivera dois relacionamentos, um com o músico Henry Manox e o outro com o secretário Francis Dereham, com quem provavelmente pretendia se casar. A união, porém, não foi aprovada pela duquesa.

Despachada para a corte de Henrique, Catarina logo atraiu os olhares do rei, que já começava a envelhecer. Ele se casou com ela imediatamente após a anulação de seu casamento com Ana de Cleves, e a vivaz Catarina parece ter feito reviver o ânimo e o ardor do rei. Ele se recuperou da impotência que o afligira desde a noite de núpcias anterior e chamava Catarina de "minha rosa sem espinhos".

Por outro lado, Henrique agora pesava cerca de 140 kg e tinha uma úlcera purulenta na perna. Além disso, tinha 30 anos a mais que a esposa. Talvez não surpreenda saber que a jovem rainha ainda apreciava a companhia de homens mais jovens. Flertava com Thomas Culpeper, um dos cortesãos favoritos do rei, e se encontrava com ele secretamente. Também cometeu o erro de nomear como seu secretário particular seu ex-amante Francis Dereham.

Os rumores sobre as escapadelas da rainha foram levados ao arcebispo Cranmer, que informou o rei. No começo, Henrique se recusou a acreditar nas acusações, mas concordou em autorizar uma investigação, que reuniu provas suficientes para condenar a rainha. Culpeper e Dereham confessaram, provavelmente sob tortura, e foram ambos executados — Culpeper foi decapitado e Dereham foi arrastado por cavalos, enforcado e esquartejado. As cabeças de ambos foram depois expostas na Ponte de Londres. Catarina foi decapitada no pátio da Torre de Londres em 13 de fevereiro de 1542 e enterrada

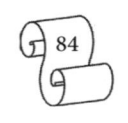

perto de sua infeliz prima na capela de São Pedro Ad Vincula, na mesma Torre.

Do outro lado do canal da Mancha, Francisco I da França escreveu uma carta de comiseração para o monarca inglês:

A leviandade das mulheres não pode
dobrar a honra dos homens.

Diz-se que o fantasma de Catarina vaga até hoje pela Galeria Assombrada do Palácio de Hampton Court, de onde ela procurou fugir gritando o nome de Henrique depois de ser posta sob prisão domiciliar; foi, porém, arrastada de volta pelos guardas.

A RAINHA VIRGEM

Tendo testemunhado o destino de sua mãe e de suas diversas madrastas, bem como os sofrimentos de sua meia-irmã Maria, que sofrera uma gravidez psicológica, sem mencionar o fato de que uma mortífera epidemia de sífilis assolava a Europa naquela época, não surpreende que Elisabete I tenha jurado nunca se casar. Em vez disso, comprometeu-se com seu país e teve um reinado bem-sucedido de quase 45 anos no papel de Gloriana, a Boa Rainha Bess.

Não que lhe faltassem pretendentes. Ela tinha também seus cortesãos favoritos, de tal modo que há muito se questiona se Elisabete realmente foi a "Rainha Virgem" que afirmava ser. A resposta mais simples talvez seja sim e não. Inteligente, animada, apaixonada e amante das diversões, tanto quando princesa quanto depois, quando rainha, Elisabete apreciava a companhia masculina e ligou-se a diversos homens ao longo de sua vida, entre os quais Thomas Seymour, Robert Dudley, Robert Devereux, Sir Walter Raleigh e Sir Christopher Hatton.

Corriam rumores e especulações sobre sua vida amorosa e ela provavelmente teve amantes, embora seja quase certo que as intimidades não chegavam ao coito. O medo da gravidez seria suficiente

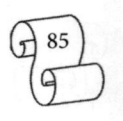

para que Elisabete tomasse tal cuidado, além do que ela tinha plena consciência de que deveria governar como um rei, não como uma rainha subserviente — e seria esta a posição a que seria relegada caso se casasse.

O mais importante dos supostos amantes de Elisabete foi Robert Dudley, que permaneceu próximo da rainha até morrer, em 1588. Eles se conheciam desde a infância, tinham a mesma idade e haviam aprendido matemática, equitação e dança juntos. Chegaram até a ser presos juntos na Torre de Londres, por traição, durante o reinado de Maria, a Católica.

Quando subiu ao trono após a morte de Maria, em 1588, Elisabete nomeou Dudley superintendente dos cavalos reais, motivo pelo qual o via quase todos os dias; segundo muitos relatos, o casal flertava abertamente. Os fofoqueiros da corte diziam que os dois eram amantes, e o misterioso salário de 500 libras por ano que Elisabete pagava a Tamworth, criado de Dudley, indica que eles tinham algo a esconder. Porém, mesmo deixando-se as fofocas de lado, Dudley estava acostumado com os escândalos. Casara-se com Amy Robsart quando ambos tinham 17 anos e a abandonara numa propriedade rural quando fora à corte. Tanto o embaixador de Veneza quanto o da Espanha expressaram a opinião de que Elisabete estava apenas esperando que a esposa de Dudley morresse, e os rumores se multiplicaram quando, em 1560, Amy foi encontrada morta, com o pescoço quebrado, aos pés de uma escadaria na casa de campo do casal.

Com tanto disse-me-disse na corte, o casamento com Dudley era impossível. Elisabete foi alertada de que enfrentaria a franca revolta de muitos de seus conselheiros mais próximos caso sequer aventasse a hipótese. De certo modo, ela se distanciou de Dudley depois que sua esposa morreu, embora sempre tenha tido ciúmes das outras mulheres com quem ele se ligou e tenha tido um ataque de fúria quando ouviu a notícia de seu casamento com Lettice Devereux, uma prima distante da própria Elisabete, em 1579. Embora Elisabete jamais tenha perdoado Lettice, sua ligação com Dudley permaneceu. Não era famosa pela generosidade, mas o cobriu de presentes e

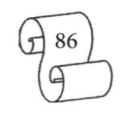

títulos. Tornou-o Protetor do Reino, designou-lhe um amplo salário e nomeou-o Conde de Leicester. Num dos seus últimos atos antes de morrer, Dudley aconselhou Elisabete a vestir uma armadura e dirigir-se a suas tropas como uma monarca forte e destemida na véspera da tentativa de invasão da Grã-Bretanha pela Invencível Armada espanhola em 1588.

Quando Elisabete morreu, em 1603, encontrou-se entre seus pertences uma carta de Dudley. A própria rainha escrevera nela uma anotação dizendo tratar-se da última carta que ele lhe escrevera.

VIVE LA FRANCE: ESTABELECENDO O PADRÃO PARA AS AMANTES DE REIS

Desde que existem reis existem também as amantes de reis, mas uma das primeiras acerca das quais sabemos algo mais que o nome — e de quem temos até retratos — foi a cortesã francesa Agnès Sorel, do século XV.

Apelidada *Dame de Beauté* (Senhora da Beleza), foi a primeira amante real a ser oficialmente reconhecida.

Agnès teve três filhas de Carlos VII, rei da França, e diz-se que foi ela quem o tirou de um longo período de depressão. Em troca, ele lhe deu riquezas, terras, castelos e reconhecimento público. Agnès era dona de considerável influência na corte e encorajou Carlos a reunir seus exércitos e expulsar os ingleses do território francês. Foi para apoiar essa campanha que Agnès, já no fim de uma gravidez, saiu no meio do inverno do Castelo de Chinon para se reunir a seu marido em Jumièges, na Normandia, onde morreu logo depois de dar à luz seu quarto filho, em fevereiro de 1450.

Há vários retratos de Agnès, o mais conhecido dos quais é o feito por Jean Fouquet em 1449, no qual ela é figurada como a Virgem Maria com um dos seios completamente exposto. A pintura foi instalada numa igreja e, mais tarde, os detratores de Agnès atribuíram ao castigo divino o fato de ela ter morrido de parto pouco tempo depois. Há outras controvérsias em torno de sua morte. Ao passo que originalmente se imaginava que ela morrera de disenteria, alguns cientistas agora concluíram que a verdadeira *causa mortis* foi envenenamento por mercúrio. De um modo ou de outro, o rei enlutado nomeou Agnès duquesa após sua morte e enterrou-a com grande pompa e circunstância.

MAÎTRESSE-EN-TITRE

Foi Francisco I, outro rei francês e contemporâneo de Henrique VIII, quem deu a sua amante favorita o título de *maîtresse-en-titre*, amante oficial do rei.

Seigneur de Brantôme, fofoqueiro e cronista da corte, registrou que a jovem Françoise de Foix, de 23 anos, estava se divertindo com outro amante quando o Rei Francisco chegou de repente. Com medo de ser descoberto, o outro amante, o almirante Bonnivet, escondeu-se rapidamente dentro da enorme lareira. Era verão e a lareira estava cheia de ramos de pinheiro perfumados, que o esconderam.

Depois de fazer tudo o que queria com Françoise, o rei sentiu forte necessidade de urinar e aliviou-se na lareira, banhando inadvertidamente seu rival, o almirante.

Há outra história curiosa acerca de Francisco e uma de suas muitas amantes. Ele chegou no quarto da amante e encontrou o marido dela armado com uma espada. Francisco, porém, não se assustou. Alertou o homem de que ele perderia a cabeça caso ferisse sua esposa, expulsou-o do quarto a botinadas e fez o que tinha de fazer.

O CHARME DAS MULHERES MAIS VELHAS

Graças à elevada posição de *maîtresse-en-titre*, as amantes reais francesas exerceram mais poder do que suas congêneres em toda a Europa durante quase dois séculos, até que a Madame du Barry, ex-amante de Luís XV, foi guilhotinada durante a Revolução Francesa, em 1793.

Diana de Poitiers já tinha influência na corte de Francisco I, mas se tornou a amante favorita e a companheira de vida de Henrique II,

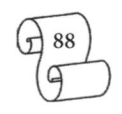

filho de Francisco. Ela tinha 35 anos e ele tinha 16 quando sua união começou. Inteligente e politicamente astuta, ela assinava documentos oficiais junto com o rei; os dois assinavam "HenriDiane". Influente, ela participava do conselho real, nomeava ministros e aconselhava Henrique em todos os assuntos. Quando o rei competia em torneios, levava na lança a fita de Diana, não a de sua esposa.

Henrique se casara com Catarina de Médici quando ambos tinham 14 anos, mas, depois de nove anos de casamento, ainda não havia um herdeiro. Diana sabia que isso era motivo suficiente para que o casamento fosse anulado, mas não queria que a rainha fosse substituída por outra, mais bonita ou mais ciosa dos seus direitos. Por isso, encorajava o amante a fazer sexo regularmente com sua esposa — e, segundo se diz, chegou a dar-lhe lições de como bem desempenhar o dever conjugal. Funcionou: Henrique e Catarina tiveram 10 filhos.

Desejosa de conhecer os segredos românticos de sua rival mais velha, Catarina, segundo consta, abriu um buraco na parede para ver Henrique e Diana juntos. Ficou chocada ao ver o quanto o marido era terno com a amante. Mas Catarina teve sua desforra. Quando Henrique sofreu um ferimento fatal numa luta de lanças esportiva, em 1559, ela assumiu o controle da situação e proibiu Diana de vê-lo no leito de morte, embora ele não parasse de chamar a amante. Depois da morte de Henrique, Catarina baniu Diana do Castelo de Chenonceaux, que Henrique lhe dera. Diana passou seus últimos anos vivendo discretamente no Château d'Anet, que lhe pertencia.

O MONARCA GOZADOR

Exilado durante a época da República de Oliver Cromwell, o Rei Carlos II da Inglaterra passou seus anos de formação na corte francesa, cuja frivolidade e decadência absorveu.

Carlos era um mulherengo compulsivo; adorava as mulheres e o sexo e buscava as duas coisas sempre que possível. Em 1660, por exemplo, para celebrar sua coroação, ele foi para a cama com sua amante Barbara Villiers, que nove meses depois deu à luz uma filha.

Felizmente para todos os envolvidos, Barbara e seu marido tinham, por assim dizer, um casamento aberto, e Carlos chegou a nomeá-lo Conde de Castlemaine em reconhecimento aos "serviços" da esposa dele. Barbara, que ganhou o título de Duquesa de Cleveland, teve ao todo cinco filhos de Carlos, e fez questão de que todos fossem reconhecidos e legitimados, e ganhassem títulos de nobreza.

Essa ruiva alta e voluptuosa era uma das grandes beldades da época, mas também era extravagante, ciumenta, mal-humorada e loucamente promíscua. Dizia-se que recebia subornos e tirava dinheiro dos impostos dados ao rei para seus gastos pessoais. Sua influência tornou-a impopular, embora ela fosse admirada por Samuel Pepys, que, em seus diários, escreveu relatos apaixonados sobre sua exuberante aparência física.

O Conde de Rochester, grande amigo de Carlos e poeta favorito dele, famoso por sua libertinagem, foi quem cunhou, nos versos a seguir, o apelido pelo qual o rei tornou-se conhecido:

Embora estejam em jogo a segurança, a lei, a religião e a vida,
Nada disso é obstáculo para que ele procure uma vagina.
Inquieto, vaga de prostituta em prostituta,
Um monarca gozador, escandaloso e carente!

Charles, sempre contente, levava para a cama atrizes e aristocratas, e não fazia distinção entre as prostitutas e as esposas de outros homens, embora tivesse certa preferência pelas mulheres bonitas, inteligentes e bem-humoradas. Durante o seu reinado, muitas leis puritanas da época de Oliver Cromwell foram revogadas e o país foi tomado por uma atmosfera de decadente recreação, com a corte real sempre no centro das festividades. Incapaz de ser fiel a uma única mulher, Carlos teve um grande número de amantes além de Barbara Villiers, entre elas a atriz Nell Gwyn e sua rival francesa Luísa de Kérouaille, a Duquesa de Portsmouth, a socialite bissexual Hortênsia Mancini e provavelmente Frances Stewart, Duquesa de Richmond, em cuja aparência baseou-se a imagem de Britannia, que ainda figura em algumas moedas inglesas.

A PREDILETA DO REI, LINDA, DE QUASE CAUSAR ANEURISMAS

Em razão da conveniente ausência de seu marido e também por outros motivos, Barbara Villiers, a mais poderosa amante de Carlos II, era de certo modo a companheira ideal para ele na cama. Tão voraz quanto o monarca em matéria de sexo, também era ferozmente ambiciosa — chegou a exigir que ele reconhecesse o sexto filho dela, conquanto ambos soubessem muito bem que Carlos não era o pai. Os que queriam acesso ao rei logo perceberam que seria sensato fazer de Barbara uma aliada. Como a Madame de Montespan, sua contemporânea parisiense e amante de Luís XIV, Barbara foi uma das personagens mais poderosas e influentes na corte durante os 13 anos em que esteve em evidência.

Em 1662, ela convenceu Carlos a nomeá-la dama de companhia da nova rainha, Catarina de Bragança: uma imensa honra para Barbara, mas um tremendo choque para a Rainha Catarina, que conhecia a reputação da outra. Quando foi apresentada à amante do marido, bela e arrogante, Catarina teve um sangramento nasal e desmaiou.

O gosto de Barbara pela diversidade era tão intenso quanto o de Carlos, e em mais de uma ocasião ele a surpreendeu com outro homem. Barbara desenvolveu certo gosto por homens da classe trabalhadora, entre os quais seus criados, desde que fossem fortes e musculosos. Em 1674, depois de uma série de outros casos amorosos, Barbara se mudou para a França, mas Carlos continuou pagando suas dívidas de jogo (que não eram pequenas) e ela continuou recebendo integralmente a sua pensão até morrer, em 1709.

Barbara Villiers, amante do Rei Carlos II da Inglaterra e considerada uma das mulheres mais bonitas de sua época

NELL GWYN, BONITINHA, ESPIRITUOSA E PUTA PROTESTANTE

Nell Gwyn

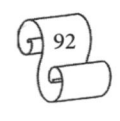

Nell Gwyn nasceu em Coal Yard Alley, perto de Drury Lane, no bairro londrino de Covent Garden, que na época não era uma região luxuosa. Sua mãe, conhecida como Velha Cafetina Gwyn, caiu no alcoolismo quando o pai de Nell saiu de casa e dirigia um bordel para sustentar a família. A jovem Nell vendia bebidas para os clientes e é até possível que tenha trabalhado como prostituta, ali mesmo ou na casa da Cafetina Ross, nos arredores.

Aos 13 anos, Nell vendia laranjas no Teatro Real, em Drury Lane, com sua irmã Rose. Sua beleza e seus comentários espirituosos logo chamaram a atenção dos atores, que a convidaram para representar. Era uma comediante talentosa e, nas barulhentas peças teatrais daquela época, frequentemente aparecia vestida com calças apertadas que mostravam todos os seus encantos e dotes físicos; seu primeiro amante foi o ator-empresário Charles Hart. Samuel Pepys elogiou as atuações dela e daí a pouco ela foi chamada a se apresentar nos jantares reais.

Nell, com seu humor mordaz e seus gestos cômicos, fazia Carlos II rir; apesar de o bispo Burnet ter comentado que ela era "a criatura mais indecente e selvagem que já pisou nesta corte", logo se tornou amante do rei. Chamava o rei de "meu Carlos Terceiro", pois ele tinha o mesmo nome dos dois amantes anteriores dela. Ele, por sua vez, admirava a vivacidade e o bom-humor dela, mas não era tão generoso com Nell quanto costumava ser com suas amantes de origem aristocrática. Mesmo depois do nascimento de seu filho Carlos, em 1670, Nell continuou trabalhando como atriz, talvez para espicaçar o rei pelo péssimo tratamento que lhe dispensava. Carlos II entendeu a mensagem: estabeleceu-a num apartamento em Pall Mall, mobiliou-o para ela e passou a pagar suas despesas. Ela se aposentou dos palcos.

Nell sabia o que fazer para obter o que queria e não tinha medo da concorrência.

Logo livrou-se de Moll Davis, outra atriz que Carlos andava vendo. Numa ocasião, ciente de que sua rival tinha um encontro com o rei, Nell e uma amiga, a dramaturga Aphra Behn, "batizaram" o lanche da tarde de Moll com uma dose cavalar de laxante, garantindo que ela não pudesse de maneira alguma estar presente na cama do rei naquela noite. Com as duquesas de Carlos, Nell agia com o mesmo desembaraço. Espicaçava Luísa de Kérouaille em razão do histrionismo desta, chamando-a de "chorão" (a árvore), e zombava dela por suas afetações. Numa ocasião em que Barbara Villiers passou com sua belíssima carruagem puxada por cavalos — presente de Carlos — na frente da casa de Nell, na tentativa de pôr a atriz em seu devido lugar, Nell respondeu, no dia seguinte, passando de carro de boi diante da casa da duquesa, gritando: "Putas à venda!"

Seu comentário mais famoso foi feito quando ela passava por Oxford numa carruagem fechada. O público pensou que se tratasse da amante católica do rei, a francesa Luísa de Kérouaille, e começou a vaiar. Nell pôs a cabeça para fora da carruagem, abriu um sorriso para a multidão e gritou: "Meu bom povo, estais enganados. Eu sou a puta protestante!"

Nell estava perfeitamente à vontade na sua posição, mas não se via como pior que as amantes de ascendência nobre. No entanto, ficou furiosa quando Carlos deu três títulos a Luísa de Kérouaille, entre os quais o de Duquesa de Portsmouth, e repreendeu-o por tratar de modo diferente a ela e a seus três filhos pelo fato de ser plebeia. Com a paciência esgotada, durante uma das visitas de Carlos, Nell gritou a seu filho: "Venha cá, seu bastardinho! Diga oi a seu pai." Carlos remediou rapidamente a situação, dando ao pequeno Carlos o título de Conde de Burford e, depois, Duque de St. Albans, e, ainda, arranjando um casamento vantajoso para ele, com uma herdeira rica. O filho mais jovem de Carlos II e Nell, chamado James, se tornou o Lorde Beauclerc, ao passo que Nell recebeu o usufruto da casa em Pall Mall e também de Burford House, nos limites de Home Park, a uma distância convenientemente pequena do Castelo de Windsor.

Carlos sempre teve outras amantes, mas manteve-se próximo de Nell durante toda a sua vida. No leito de morte, disse a seu irmão as famosas palavras: "Não deixe a pobre Nelly passar fome."

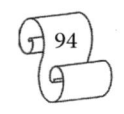

E Nell, por sua vez, permaneceu fiel ao rei. Ao passo que outras amantes foram culpadas de infidelidade flagrante, mesmo quando ele estava vivo, Nell rejeitou todos os pretendentes que a procuraram depois que o rei morreu.

LUÍSA DE KÉROUAILLE E A CASA DE WINDSOR

Nascida em 1649 de pais nobres mas pobres, na região da Bretanha, Luísa foi criada na casa de Henrietta Stuart, Duquesa de Orléans e irmã mais nova de Carlos II. Diz-se que sua família tinha a esperança de que ela se tornasse amante do Rei Luís XIV. Em vez disso, ela foi com a Duquesa de Orléans para a Inglaterra em 1670 e, com a morte súbita de Henrietta, Luísa foi nomeada dama de companhia de Catarina de Bragança, esposa de Carlos II e rainha da Inglaterra.

Seu rostinho inocente ocultava uma vontade de ferro e uma inteligência aguçada, e ela só cedeu às investidas de Carlos quando teve certeza do afeto dele por ela. Seu filho Carlos — o quarto filho ilegítimo do rei a ser batizado com esse nome — nasceu em 1672 e logo foi nomeado Duque de Richmond.

Louise também tinha o apoio do embaixador francês, pois se tinha como certo que ela apoiaria os interesses de seu país; Luís XIV enviava-lhe presentes de um luxo exorbitante. Isso a tornou altamente suspeita aos olhos do povo, que, em geral, não gostava dela. Nell Gwyn, sua arquirrival pelo amor do rei, apelidou-a de "Squintabella" (um trocadilho com a palavra que significa "estrábica") e espalhou o boato de que ela usava calcinhas sujas.

Mesmo assim, Luísa continuou próxima de Carlos. Entendia perfeitamente o caráter do rei, o que permitiu que ela não perdesse a ascendência sobre ele, mesmo quando ele sofreu de uma longa enfermidade. Pegou do rei uma virulenta doença venérea em 1674 — não se sabe se era sífilis —, mas se recuperou, embora os médicos a tenham avisado que não tivesse mais relações sexuais com o rei. Um dos sinais do amor dele por ela é que ela continuou sendo sua amante, mesmo que a partir de então não tivessem — ou quase não tivessem — mais relações. Ele a chamava de "Fubbs", que significa "fofinha" ou "redondinha", e o iate real construído em 1682 foi batizado como HMY *Fubbs*. No leito de morte, além de se lembrar de Nell, Carlos instruiu o irmão a "cuidar bem de Portsmouth" (o título do ducado de Luísa). Luísa voltou a Paris e viveu até a avançada idade de 85 anos. Curiosamente, três mulheres da realeza britânica contemporânea descendem dela: Diana, Princesa de Gales; Camilla, Duquesa de Cornwall; e Sarah, Duquesa de York.

VISTOSA, FABULOSA E FASCINANTE: A HISTÓRIA EXTRAORDINÁRIA DE HORTÊNSIA MANCINI

Hortênsia era uma das cinco irmãs Mancini, todas ilustres. Quando ela chegou à corte francesa vinda da Itália, esperava-se que se casasse com um nobre rico. Carlos II foi um de seus muitos pretendentes, mas foi rejeitado pelo influentíssimo Cardeal Mazarino, tio de Hortênsia e primeiro-ministro da França. Mazarino achou que Carlos não daria em nada na vida. Foi um erro de julgamento por parte do cardeal, visto que Carlos foi devolvido ao trono inglês poucos meses depois.

Em 1661, com 15 anos, Hortênsia casou-se com um dos homens mais ricos da Europa: Armand-Charles de la Porte, Duc de La Meilleraye. Depois do casamento, os dois se tornaram Duque e Duquesa de Mazarino.

O casamento foi um desastre desde o começo. O duque tinha ideias muito estranhas, mesmo pelos padrões da época; inspirado por uma bizarra mistura de ciúme e moralismo, exercia um controle tirânico sobre todas as pessoas em sua casa, inclusive os criados. Mandava arrancar os dentes incisivos de suas criadas para torná-las menos atraentes e não queria que as vacas fossem ordenhadas por mulheres, pois as tetas, para ele, tinham conotação sexual. Além disso, em sua imensa coleção de obras de arte, todas as coisas remotamente sugestivas eram cobertas com tinta preta.

Como seria de se esperar, o duque desconfiava de sua esposa jovem e entusiasmada, e proibiu-a de ver outros homens. Levantava-se

frequentemente no meio da noite para procurar amantes ocultos e obrigava-a a passar horas e horas por dia em oração. A gota d'água foi quando ele insistiu em que eles se mudassem para o campo. Pouco tempo depois, Hortênsia teve um caso homossexual com Sidonie de Courcelles e foi logo despachada para um convento para emendar-se. Essa medida não funcionou, pois Sidonie foi junto com ela e as duas pregaram várias peças nas freiras antes de conseguir fugir por uma chaminé. Hortênsia sempre teve um espírito brincalhão, e foi essa uma das características que depois atraíram Carlos II.

Apesar de suas evidentes diferenças, o duque e a duquesa conseguiram ter quatro filhos antes de Hortênsia finalmente fugir de seu tirânico marido, na noite de 13 de junho de 1668. Ficou com vários parentes e até ex-pretendentes por toda a Europa, beneficiando-se da generosidade deles, pois o duque controlava suas finanças e deixou-a sem um tostão. Por fim, em 1675, Hortênsia viajou a Londres vestida de homem, em tese para visitar a prima Maria de Módena, esposa de Jaime, o irmão de Carlos II; mas o que ela realmente visava era o rei.

Morena, exótica e tempestuosa, não demorou um ano para que Hortênsia ganhasse um lugar na cama de Carlos e uma excelente pensão anual de 4.000 libras. Porém, como o Monarca Gozador, ela também não conseguia se conter: sentia-se perfeitamente em casa em Londres e no ambiente relaxado e decadente da corte. O público apelidou-a de "a puta italiana", e ela logo teve uma extensa série de amantes.

O caso de Hortênsia com Anne Lenard, Condessa de Sussex, que era filha do próprio Carlos com Barbara Villiers, foi escandaloso até pelos padrões da época. A última gota para o marido de Anne foi quando as duas foram vistas lutando com floretes, de camisola, em St. James Park. Ele levou Anne para o campo, onde ela ficou doente, de cama, chorando e beijando um retrato de Hortênsia.

Hortênsia, por sua vez, jamais ficava triste por muito tempo. Para consolar-se da perda da amante, dormiu com Luís I de Grimaldi, Príncipe de Mônaco. Isso foi demais para Carlos, que terminou seu relacionamento amoroso com ela, mas não deixou de tê-la como amiga. Segundo o cronista John Evelyn, Carlos, pouco antes de morrer,

ainda estava "brincando sentado com suas concubinas Portsmouth, Cleveland e Mazarino [...] Sei dias depois, o pó voltou ao pó."

Corriam boatos de um envolvimento romântico entre Hortênsia e a dramaturga Aphra Behn, que dedicou a introdução da sua *História da Freira* à Duquesa de Mazarino:

À ilustríssima princesa, a Duquesa de Mazarino [...] como é infinita a adoração que tem por ti uma do teu mesmo sexo! Em todas as conquistas que Vossa Graça obteve sobre os corações dos homens, não subjugaste a ninguém como a esta escrava toda tua [...]

Hortênsia continuou morando numa casa elegante em Chelsea, rodeada de amigos intelectuais. Depois da morte de Carlos, foi sustentada por seu irmão Jaime II e, depois, pelo casal real Guilherme e Maria. Morreu aos 53 anos, talvez por suicídio, embora John Evelyn acreditasse que a causa fora excesso de álcool. Nem depois de morta ela deixou de causar furor: o marido, de quem há tanto tempo se separara, reivindicou o corpo e insistia em levá-lo consigo para onde quer que viajasse.

Com relação à sua amante, Anne, Condessa de Sussex, conseguiu piorar uma fama que já não era boa após sua relação escandalosa com Hortência. Não se reconciliou com o marido e foi enviada a um convento em Paris em 1678, de onde rapidamente fugiu. Ainda com meros 17 anos, teve um caso fogoso com Ralph Montagu, o embaixador inglês na França, de 40 anos, que por acaso já tinha sido amante da mãe de Anne.

OS FILHOS DE CARLOS, O MONARCA GOZADOR

Carlos II reconheceu 14 filhos e filhas com diversas amantes, e provavelmente teve muitos outros. Curiosamente, com a esposa, porém, não teve filhos. Muitos pediram então que o casamento fosse anulado a fim de que, com outra esposa, o rei tivesse um herdeiro legítimo. Mas Carlos recusou. Respeitava a esposa e parece ter tido algum afeto por ela. Nunca se cansou de repetir que não era por culpa dela que eles não tinham herdeiros.

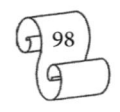

OS DEVERERES DE UMA AMANTE REAL

Enquanto Carlos vivia sua vida de diversões na corte inglesa, Luís XIV mantinha-se igualmente ocupado na França. O Rei-Sol, construtor do Palácio de Versalhes, tinha uma libido insaciável e, além disso, era extremamente fértil. Suas amantes oficiais estavam sempre grávidas: Luísa de la Vallière teve quatro filhos em sete anos, ao passo que sua sucessora, Athénaïs de Montespan, deu à luz sete vezes num período de nove anos. Quando Luís se casou com a virtuosa Madame de Maintenon, em 1685, ela já não tinha idade para ter filhos e ele tinha 75 anos; mesmo assim, ela se queixou ao sacerdote de que o rei insistia em manter relações sexuais pelo menos uma vez por dia. O sacerdote respondeu que ela tinha o dever moral de aceitar as investidas do rei, a fim de impedi-lo de pecar em outro lugar.

Luís exigia que as amantes jamais se sentissem doentes ou cansadas, que jamais se queixassem e em nada mais pensassem exceto na felicidade dele. Esperava-se que participassem entusiasticamente de todos os seus passatempos e acatassem todos os seus desejos — afinal de contas, sempre havia outras dispostas a serem a próxima da fila. A honra de viajar com ele na carruagem real não deixava de ter seu lado negativo: Luís sempre comia uma refeição inteira ao longo do caminho, e, por ser um aficionado do ar fresco, as janelas estariam sempre abaixadas, com chuva ou com sol. Para piorar, por mais longa que fosse a viagem, ninguém poderia parar para ir ao banheiro — era proibido até mesmo mencionar o assunto.

POÇÕES DE AMOR

Françoise Athénaïs de Montespan era culta, charmosa e inteligente. Com sua abundante cabeleira loira, grandes olhos azuis e lábios de querubim, ela sabia que era bonita e estava resolutamente determinada a substituir Luísa de la Vallière no papel de amante oficial do Rei Luís XIV. Primeiro, tornou-se confidente tanto de Luísa quanto da Rainha Maria Teresa. Quando ambas ficaram grávidas ao mesmo tempo, Madame de Montespan fez sua jogada. Seus chiliques eram notórios, mas ela era forte e conservou sua posição e sua influência na corte de 1667 até o escândalo do "Affaire des Poisons" (Caso dos Venenos)...

Em 1679, a vidente e suposta bruxa Catherine Monvoisin, mais conhecida como La Voisin, foi presa em Paris. Depois de uma série de mortes suspeitas, La Voisin foi acusada de fornecer poções e feitiços para encantar e envenenar. O verdadeiro escândalo, porém, era a sua lista de clientes, entre os quais se incluíam muitas figuras conhecidas da alta sociedade — entre elas, a Madame de Montespan.

Alegou-se que Athénaïs visitara La Voisin pela primeira vez logo antes de substituir Luísa de la Vallière como objeto preferencial do afeto do rei; nessa ocasião, a feiticeira teria celebrado uma missa negra para lançar um feitiço em favor da cliente. Depois, Montespan empregava La Voisin toda vez que surgia um problema em suas relações com Luís ou sempre que outra amante entrava em cena. Suspeitou-se, além disso, que ela misturasse regularmente na comida do rei uma poção de amor fornecida por La Voisin e seus auxiliares. Uma vez que entre os ingredientes dessas poções havia dentes, ossos e excremento de animais, cantárida, sangue humano, poeira e outras coisas inomináveis, é fácil imaginar a repugnância que o rei sentiu quando se lembrou de todos os jantares românticos que partilhara com Athénaïs ao longo dos anos.

Pior ainda, corriam rumores de um complô para envená-lo caso não abandonasse sua mais jovem amante, Angélique de Fontanges. O horror chegou ao cúmulo quando os cadáveres de 25 bebês foram descobertos enterrados no jardim de La Voisin.

La Voisin foi condenada por bruxaria e queimada na fogueira em fevereiro de 1680. Os nomes de seus clientes da alta sociedade nunca foram revelados em público. A corte, por medo do escândalo e de que o rei fosse ridicularizado, esforçou-se por ocultar a associação de Madame de Montespan com uma assassina condenada por bruxaria. Athénaïs manteve seu apartamento em Versalhes, mas, a partir daquela época, Luís XIV quase nunca a visitou a sós, e certamente nunca mais partilhou com ela suas refeições.

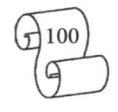

A GOVERNANTA QUE SE CASOU COM UM REI

Depois de revelados os rituais pagãos em que se envolvera sua amante anterior, é natural que Luís XIV tenha querido purificar sua alma e procurar uma companhia mais cristã. Mesmo antes do Affaire des Poisons, Luís já dava a impressão de estar cansado de sua antiga amante. À medida que os chiliques de Madame de Montespan se tornavam mais comuns e mais intensos, o rei começou a passar cada vez mais tempo na companhia da Madame de Maintenon.

Quando procurou uma babá e uma governanta para os sete filhos que teve com o rei, Athénaïs de Montespan cuidou para escolher uma mulher simples e sensata que, na sua opinião, não atiçaria as paixões de Luís. A Madame de Maintenon, devota e sempre com a cabeça no lugar, parecia a opção perfeita. O esquema funcionou durante alguns anos, mas Luís, aos poucos, começou a apreciar o amor e a atenção que a governanta dedicava a seus filhos; descobriu que ela era espirituosa e inteligente, e passou a dar cada vez mais valor às suas opiniões. A certa altura, no fim da década de 1670, a virtuosa viúva se tornou talvez a primeira pessoa a recusar algo a Luís XIV. Foi quando se negou a ir com ele para a cama.

A partir daí Luís se apaixonou por ela, e passava todos os seus momentos de lazer na companhia de Madame de Maintenon, discutindo política, religião e arte. Pouco depois da morte da Rainha Maria Teresa, em 1683, ele se casou em segredo com Madame de Maintenon. A diferença de classe social entre os dois impedia que o casamento fosse conhecido e nunca se cogitou a possibilidade de ela se tornar rainha. Porém, a ex-governanta teve considerável influência política sobre o rei durante todo o restante de seu reinado.

O REI MENINO: LUÍS, O BEM-AMADO

Luís XV sucedeu a seu bisavô Luís XIV em 1715, com cinco anos de idade. Aos 15, casou-se com a princesa polonesa Maria Leczinska, de 22 anos, que era simples e não muito inteligente, mas cuja família era

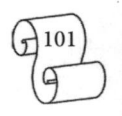

considerada notável por sua fertilidade. Maria não decepcionou Luís e lhe deu dez filhos em dez anos.

Coisa incomum para um monarca europeu da época, Luís foi completamente fiel à sua esposa durante oito anos. Nesse período, tornou-se um homem extraordinariamente belo e atraente, mas, apesar de sua posição, não era confiante. As ousadas beldades da corte intimidavam o rei.

Por fim, ele escolheu como amante Louise-Julie de Mailly-Nesle, outra mulher de aparência simples e temperamento submisso, que foi sua *maîtresse-en-titre* durante sete anos. Neta de Hortênsia Mancini, tinha quatro irmãs mais novas, três das quais a sucederam como amantes de Luís; as substituições se davam sem muitas dores de consciência por parte das irmãs. Porém, com a morte de Marie-Anne, Duquesa de Châteauroux, a última das irmãs Mailly, a posição de amante real estava novamente vaga.

Foi então que os olhares de Luís se voltaram para Jeanne-Antoinette d'Etiolles, de 24 anos, da burguesia de Paris. Casada e com dois filhos pequenos, ela era famosa pelos saraus que promovia em sua casa, onde se reuniam escritores e filósofos famosos.

No entanto, para se tornar amante oficial e ir morar em Versalhes, Jeanne-Antoinette tinha de receber um título de nobreza e ser apresentada à corte. Luís nomeou-a Marquesa de Pompadour, e com esse título ela compareceu perante o rei e a rainha. A rainha tratou a nova amante com bondade; Pompadour, por sua vez, nunca deixou de demonstrar respeito e consideração pela esposa de seu amante.

No decorrer dos 19 anos seguintes, Madame de Pompadour se tornou o exemplo perfeito de como uma amante do rei de França deveria ser.

Madame de Pompadour

UMA AMANTE MODELO

Infelizmente, depois de sete ou oito anos, Madame de Pompadour começou a perder a beleza; além disso, tendo sofrido dois abortos espontâneos, viu-se cada vez menos interessada em sexo. À medida em que ela perdia a esperança de dar a Luís o filho que tanto queria, sua libido diminuiu a ponto de desaparecer.

Madame de Pompadour estava desesperada para agarrar-se à posição de amante oficial e temia a chegada de uma amante mais jovem e mais fogosa. Atendia a todas as outras necessidades do rei, e o mantinha sempre provido de diversões. Para atender as necessidades sexuais dele, fundou uma espécie de bordel privado num canto de Versalhes. O Parc-aux-Cerfs (Parque dos Cervos) foi criado para o prazer do rei: a casa sempre abrigava algumas moças bonitas resgatadas das ruas de Paris e que não representavam ameaça alguma para a Madame de Pompadour, nem do ponto de vista intelectual nem do cultural. O esquema foi um sucesso. Mas uma das moças, com o díspar nome de Louise O'Murphy, quase causou uma ruptura entre o rei

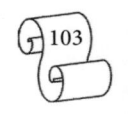

e sua amante oficial; Luís ficou apavorado e a Madame de Pompadour apressou-se em casar Louise, dando-lhe um grande dote, antes que ela desse à luz um filho do rei.

Madame de Pompadour havia aprendido as lições das amantes anteriores e estava atenta às possíveis rivais. Cuidava para ser a companhia perfeita para o rei, discutindo negócios e diplomacia, e caçando junto com ele. Sempre afligida por uma saúde débil, fazia de tudo para esconder do rei seus sinais de fraqueza. Luís tinha horror a doenças.

Ao contrário de outras amantes e sobretudo de sua sucessora, a Madame du Barry, Madame de Pompadour preferia imóveis a joias. Na verdade, em duas ocasiões, ela entregou suas joias ao tesouro real para ajudar nas despesas de guerra — ainda que fosse dona de 17 propriedades rurais e um grande número de casas que comprara como investimento. Era culta, hábil e famosa por seu bom gosto; ao longo dos anos, gastou uma fortuna reformando e decorando suas casas em vista do prazer e da conveniência do rei. Parece ter sido também uma astuta mulher de negócios, e sempre obtinha lucro com a administração e a venda de suas propriedades. Ganhou popularidade por suas contribuições generosas para com hospitais e instituições de caridade.

Luís XIV nunca permitira que suas amantes tivessem qualquer poder político — a não ser Madame de Maintenon, no fim de seu reinado —, ao passo que, na Inglaterra, Carlos II tinha se deixado influenciar pelas mulheres de sua vida: particularmente, em seus últimos anos, contentava-se em deixar os assuntos de Estado nas mãos capazes de Luísa de Kérouaille enquanto se divertia com Nell Gwyn. Porém, não há dúvida de que, de todas as amantes reais europeias, a mais poderosa foi Madame de Pompadour. Ela sabia que precisaria de amigos importantes e bem colocados para sobreviver na corte, e desde o começo usou sua influência para afastar seus inimigos. Logo passou a controlar todos os títulos, honrarias e posições na corte e, embora suas relações sexuais com Luís XV tivessem minguado, os dois se tornaram ainda mais próximos. O rei instalou-a num apartamento acima do seu e a via constantemente.

Em 1753, o Marquês d'Argenson disse que Madame de Pompadour era a primeira-ministra não oficial da França, e, de fato, ela geralmente tinha um bom instinto acerca de o que fazer — embora tenha encorajado Luís a se voltar contra a Prússia, aliada tradicional da França, na Guerra dos Sete Anos, que ocorreu no fim da década de 1750 e começo da de 1760. O conflito terminou com a França numa situação calamitosa, praticamente falida e obrigada a ceder à Inglaterra suas colônias americanas. Madame de Pompadour consolou Luís com uma frase que entrou para a história: "Après nous, le déluge" ou "Depois de nós, o dilúvio" — ou seja, nada disso importará quando estivermos mortos.

Madame de Pompadour continuou sendo a amante oficial do Rei Luís XV até 1746, quando morreu de tuberculose aos 42 anos.

A IMPERATRIZ CATARINA II, A GRANDE

Catarina, a Grande, em 1762

Nenhum exame das indecências da realeza estaria completo sem mencionarmos Catarina, a Grande, tida como a rainha que mais pulou a cerca em todos os tempos. No entanto, em comparação com seus homólogos do sexo masculino, Catarina acumulou, "oficialmente", modestos 12 amantes num espaço de 40 anos.

Para subir ao trono e reinar, sobretudo após o assassinato de seu marido Pedro III, ela se apoiou nos nobres a quem favorecia, sobretudo o Conde Grigori Orlov e Grigori Potemkin. Ambos se tornaram seus amantes, mas o verdadeiro amor de sua vida parece ter sido Potemkin, que foi seu primeiro-ministro e principal conselheiro.

Eles trocaram uma série de cartas em que confessavam francamente seu amor. Em 1774, por exemplo, ela lhe escreveu: "Meu pombinho querido, amo-te muito; és belo, inteligente, divertido. Esqueço o mundo inteiro quando estou contigo."

O caso amoroso entre os dois terminou em 1776, mas eles continuaram próximos e, nos anos seguintes, Potemkin viria a apresentar a rainha a vários jovens bonitos. Ela tinha um grande apetite sexual e conta-se que ela fazia sexo pelo menos seis vezes ao dia. Gostava sobretudo de viris oficiais de cavalaria da Guarda Imperial Montada, e sob este aspecto talvez mereça a reputação que tem. Desenvolveu um sistema pela qual uma de suas confidentes, ou a Condessa Bruce ou a Mademoiselle Protassov, atuava como "provadora" da imperatriz, experimentando as habilidades sexuais do oficial escolhido. Se ele passasse no teste, Catarina o acolhia em sua cama e o cobria de dinheiro, bens e criados durante o tempo — um ano, mais ou menos — em que ele continuasse sendo o seu favorito. A partir disso, ela chegou a ter um harém composto de 21 amantes, para não se enfadar de seus casos oficiais. Seu último amante foi o Príncipe Platão Zubov, de 21 anos. Catarina já tinha mais de 60. É provável que sua independência sexual tenha dado origem a muitas das estranhas histórias que se contam sobre ela.

E o suposto ato sexual com um cavalo que a esmagou e matou? Essa é a história que todos conhecem, mas a verdade é muito menos extravagante. Catarina morreu de derrame enquanto ia ao banheiro, em 1796.

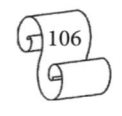

AMANTES FEIAS, O ACESSÓRIO PERFEITO PARA REIS FIÉIS

Assim como o francês era a língua da corte em muitos países da Europa, da mesma forma a cultura francesa na moda, na arte e na arquitetura predominou no continente depois do fim da Idade Média. Uma amante real oficial era *de rigueur* em Paris, ou seja, ter uma concubina era uma obrigação necessária para qualquer monarca reinante que pretendesse ser levado a sério.

Isso acontecia em todo o continente, embora para alguns príncipes alemães fosse mais uma questão formal que uma realidade. No começo do século XVIII, o príncipe-eleitor de Brandenburgo, Frederico III, tinha uma amante bela e aristocrática a quem dava presentes e joias. No entanto, a ideia de adultério horrorizava Frederico, que amava demais a esposa para conseguir ser-lhe infiel.

Quando o príncipe-eleitor de Hanover se tornou Jorge I da Inglaterra, em 1714, levou consigo duas amantes reais, que, porém, não causaram boa impressão. Uma era baixa e gorda, e a outra alta e magra demais, e ambas foram consideradas feias.

O FETICHE POR PÉS

Ludwig I da Baviera, príncipe alemão do começo do século XIX, protagonizou um dos casos amorosos mais bizarros entre a nobreza reinante. Enquanto sua esposa tinha de usar sempre os mesmos vestidos velhos, ele cobria de joias sua amante, a dançarina irlandesa Lola Montez. Também tinha uma obsessão doentia pelos pés dela.

Várias cartas trocadas pelos dois sobreviveram ao tempo, detalhando o fetiche do príncipe. Numa delas, ele escreve: "Quero pôr teus pés na minha boca imediatamente, sem esperar que tenhas tempo para lavá-los depois de chegares de uma viagem." Há indícios sólidos de que Ludwig se masturbava chupando os dedos dos pés de Lola, e parece que isso tomava o lugar do coito propriamente dito, que só ocorria de vez em quando.

Ludwig também gostava que Lola usasse pedaços quadrados de tecido sobre determinados pontos de seu corpo — não se sabe exatamente onde. Depois, ela lhe dava o tecido; ele então queria saber exatamente qual lado do mesmo estivera diretamente em contato com a pele dela, para que pudesse colocá-lo contra a sua própria pele. Quando se deflagraram as revoluções de 1848, ela fugiu e exilou-se, mas nem por isso ele deixou de lhe pedir que continuasse lhe mandando os retalhos de tecido.

O JEITINHO ESPANHOL

A corte espanhola não era tão afeita às modas francesas e ao que acontecia em outras cortes europeias; assim, as amantes nesse país não eram bem recompensadas pelos serviços que prestavam nos aposentos reais. Talvez em consideração por suas almas, quando deixavam de ser favoritas elas eram prontamente trancafiadas num convento.

No começo do século XVIII, o Rei Dom João V, de Portugal, eliminou — por assim dizer — todos os intermediários, indo recrutar suas amantes diretamente entre as freiras de um convento de Lisboa. A instituição, convenientemente, tinha uma ala reservada para quaisquer filhos ilegítimos que o rei viesse a ter; seu filho com a madre superiora foi, depois, nomeado arcebispo.

"PRINNY"

Jorge IV da Inglaterra, apelidado "Prinny" durante o longo período em que foi príncipe-regente quando dos reiterados ataques de loucura de seu pai Jorge III, teve uma longa série de amantes; chegou a se casar com uma delas, a Sra. Fitzherbert, mas a união foi declarada ilegal segundo os termos da Lei dos Casamentos Reais. Por fim, drasticamente endividado e sob a pressão de seu pai e do Parlamento, Jorge concordou em se casar com a rica Princesa Carolina de Brunswick.

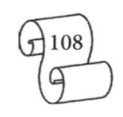

Embora gostasse um pouco demais de comer e já fosse meio barrigudo, Jorge era um homem de bom gosto, detalhista em seus hábitos de higiene e membro do *beau monde* da aristocracia. Carolina era uma moça bem-humorada, apreciadora de cavalos e outros animais, mas ignorava completamente sua higiene pessoal, sendo, sob esse aspecto, o contrário do príncipe almofadinha. Os dois não estavam destinados a se dar bem.

Quando Jorge viu sua noiva pela primeira vez, pediu um conhaque e disse que não estava se sentindo bem. Carolina também ficou decepcionada. Esperava encontrar o jovem viril que vira no retrato que lhe haviam mostrado, não o janota gorducho que então lhe apresentaram.

Apesar de tudo, Jorge cumpriu o seu dever e passou as duas primeiras noites após o casamento na cama da esposa. Depois, escreveu: "Ela tinha [...] tamanhas manchas de sujeira tanto na frente quanto atrás [...] que meu estômago se revirou e, daquele momento em diante, jurei nunca mais tocá-la."

Ele cumpriu a palavra e nunca mais a tocou. Carolina, porém, já estava grávida e em 1796, nove meses depois, nasceu a Princesa Carlota. Jorge e Carolina nunca mais viveram juntos, entretanto; ele chegou a proibi-la de ir à sua coroação e procurou divorciar-se dela por motivo de infidelidade. A princesa, no entanto, contava com o apoio do público, ao passo que Jorge se tornava cada vez menos popular em razão de sua extravagância e de seu estilo de vida dissoluto.

Jorge permaneceu próximo de Maria Fitzherbert durante toda a sua vida, embora tenha se ligado a várias outras mulheres e tido filhos ilegítimos com algumas delas. Tinha o hábito de cheirar rapé sobre os seios generosos de sua amante Lady Conyngham, que usava um decote insinuante; enquanto isso, o marido dela sentava-se placidamente ao lado, consolando-se, sem dúvida, ao pensar nas grandes riquezas que viriam a forrar-lhe os cofres.

MONARCAS CIUMENTOS

A maioria dos monarcas era excepcionalmente tolerante com os pecados de suas amantes. Talvez os encarassem como o preço a pagar para ter companheiras boas de cama, ou talvez, à luz da sua própria infidelidade, apenas fossem realistas.

Pedro, o Grande, não era tão tranquilo. Embora fosse ele próprio um adepto de orgias regadas a muito álcool, quando descobriu que Anna Mons, sua amante havia 13 anos, tornara-se amante também do embaixador da Suécia, jogou-a na cadeia junto com 30 amigos dela. Isso aconteceu em 1703.

ESPOSAS CIUMENTAS

A relutante Catarina de Bragança foi forçada a aceitar as amantes de seu marido Carlos II. E, no geral, conseguiu encarar as coisas pelo lado positivo e se dava bem com elas. Mesmo assim, deve ter sentido uma secreta satisfação quando obrigou Barbara Villiers a cavalgar numa procissão real apenas dois dias depois de dar à luz mais um filho ilegítimo de Carlos II.

A Imperatriz Eugênia, esposa de Napoleão III da França, ficou brava quando a jovem amante (de 17 anos) de seu marido chegou num baile descalça e usando um vestido diáfano e transparente, sem nada por baixo. Consta que os cortesãos do sexo masculino ficaram fascinados, mas o mesmo não ocorreu com suas esposas e as outras mulheres presentes. A imperatriz mandou que Virginie di Castiglione fosse embora e só voltasse quando estivesse adequadamente vestida.

Virginie só foi amante de Napoleão III durante um ano. Sempre ocupada consigo mesma e não muito inteligente, podia até ser bonitinha, mas o imperador logo se cansou dela.

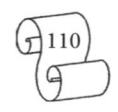

EDUARDO VII, O PRÍNCIPE *PLAYBOY*

Quando chegou à corte o futuro Eduardo VII, filho da Rainha Vitória, a monarquia britânica conheceu um legítimo herdeiro do apetite sexual e da alegria de viver de Carlos II. Embora Carlos pudesse viver abertamente seus amores extraconjugais em meio aos excessos libertinos do final do século XVII, os rigores da era vitoriana e a maior liberdade de imprensa obrigavam Eduardo a manter uma aparência de discrição. Ele conseguiu fazer isso muito bem, mesmo em face do grande número de relacionamentos ilícitos que manteve. A maioria das pessoas acreditava que as mulheres que a todo momento o acompanhavam eram "apenas boas amigas". E quantas amigas ele teve!

A reputação de *playboy* de Eduardo se formou quando ele serviu o exército em manobras na Irlanda, em 1861. Seus colegas oficiais conseguiram introduzir na tenda do jovem Príncipe de Gales uma aspirante a atriz chamada Nellie Clifden, e ela abriu os olhos dele para todo um mundo de novas experiências. Infelizmente, os pais do príncipe descobriram o que acontecera e ficaram horrorizados. O Príncipe Alberto, estarrecido e já doente na época, foi visitar o filho na Universidade de Cambridge a fim de lhe dar uma grave lição de moral. O sermão teve pouco efeito sobre Eduardo, mas Alberto ficou severamente doente e morreu pouco depois. A Rainha Vitória caiu em depressão profunda e entrou num luto prolongado, culpando o filho pela morte do pai.

Em 10 de março de 1863, Eduardo, com 21 anos, casou-se com a Princesa Alexandra da Dinamarca, de 18 anos, na Capela de São Jorge, no Castelo de Windsor. O casal se dava bem — o casamento foi feliz e eles tiveram seis filhos —, mas os dados já haviam sido lançados e Eduardo nunca foi capaz de ser homem de uma mulher só. Sua primeira amante oficial foi a atriz ruiva Lillie Langtry, e depois entraram para a lista Daisy Greville, Condessa de Warwick, a atriz Sarah Bernhardt, Lady Randolph Churchill — mãe de Winston — e Alice Keppel, bisavó de Camilla, Duquesa de Cornwall. Corriam rumores de que ele teve pelo menos 35 ligações ilícitas de vários graus de intensidade. Embora a maioria das pessoas as ignorasse, seus casos amorosos eram objeto das fofocas da alta sociedade e de especulações por parte dos jornais.

A CRISE DA ABDICAÇÃO

Eduardo VII foi o primeiro monarca a ter de encarar o fato de que os tempos haviam mudado. Ao contrário de seus predecessores, já não podia exibir suas amantes na corte e esperar que seus súditos — entre os quais os jornalistas — ficassem de bico fechado. Uma imprensa cada vez mais desenvolta estava sempre à espreita, pronta para revelar qualquer indiscrição a um público sedento de novidades.

Na época em que seu neto Eduardo VIII subiu ao trono, já não havia praticamente nenhuma margem de manobra em matéria de escândalos românticos. Quando o rei declarou que pretendia se casar com sua amante, a americana Wallis Simpson, que já havia se divorciado duas vezes, o Parlamento lhe deu um ultimato: que renunciasse a Wallis ou renunciasse ao trono.

O rei seguiu o coração, e não a coroa, e abdicou em favor de seu irmão Jorge VI — cuja fleumática esposa, a futura Rainha-Mãe, só chamava a Sra. Simpson de "aquela mulher". No discurso de adeus que dirigiu ao império, em dezembro de 1936, o monarca falou de modo franco e aberto acerca de sua amada Wallis:

> *Todos vocês conhecem os motivos que me impeliram a renunciar ao trono [...] mas devem acreditar em mim quando lhes digo que considerei impossível levar o pesado fardo da responsabilidade e cumprir meus deveres de Rei do modo como gostaria sem o auxílio e o apoio da mulher que amo.*

Eduardo e Wallis, agora Duque e Duquesa de Windsor, se mudaram para a França, onde permaneceram até a morte dele, em 1972. Wallis morreu em 1986.

PRAZERES PERVERTIDOS

É humano e nada mais. Todos nós levamos a selva dentro de nós.
Diane Frolov & Andrew Schneider
Northern Exposure

À MARGEM DAS REGRAS E REGULAMENTOS DA MORAL estabelecida e mesmo da imoralidade, ou talvez em virtude dessas convenções, sempre houve aqueles que quiseram transpor todos os limites e ir um pouco além, para sentir aquele friozinho na barriga. Em muitos casos, as atividades envolvidas são inofensivas: uma tatuagem secreta ou o gostinho doce da literatura erótica proibida. Às vezes, no entanto, as predileções tendem para uma realidade mais perigosa e muito mais perversa.

Quando o ator e dramaturgo David Garrick perguntou ao distinto literato Samuel Johnson quais as duas coisas que ele considerava mais importantes na vida, o grande Johnson não hesitou em responder: "Beber e transar." No entanto, ele também disse: "Não pode ser grande a pessoa que deixou de ser virtuosa", e sempre se esforçava para controlar seus instintos mais terrenos, acreditando que a adoção de um código moral de comportamento era obrigatória.

O MARQUÊS DE SADE

Um retrato alegórico do Marquês de Sade

O Marquês de Sade, que aparentemente não se preocupava em absoluto com a noção de autocontrole, é inextricavelmente associado à crueldade e à tortura sexual. Com efeito, a palavra "sadismo" vem do seu nome. Já a palavra masoquismo vem do escritor e jornalista ucraniano Leopold Ritter von Sacher-Masoch, que influenciou Kafka e criou o primeiro *best-seller* erótico com a temática masoquista, *A Vênus das Peles*.

Sua má fama deriva de três incidentes principais — a flagelação e prisão de Rose Keller, o envenenamento por cantárida dos convidados em um jantar e o suposto sequestro de algumas virgens, além de uma série de queixas de crueldade e perversão sexual por parte de diversas prostitutas e criadas. Há também os romances que ele escreveu na prisão. Essas histórias depravadas de perversão sexual consolidaram sua reputação infame.

O escândalo de Rose Keller ocorreu no domingo de Páscoa de 1763. Debate-se se ela seria uma prostituta ou não, mas o fato é que Sade convenceu Rose Keller a acompanhá-lo até sua casa de campo, em Arcueil, perto de Paris. Segundo se conta, ali ele a amarrou, a chicoteou e vergastou-lhe a pele; depois, passou unguento em suas feridas e colocou-a na cama. Rose usou os lençóis para escapar pela janela, do segundo andar da casa. Sade alegou que estava pesquisando uma pomada para curar feridas, mas passou vários meses na prisão pelo seu crime.

Obrigado a se casar em 1763, com 23 anos, Sade estava apaixonado por Anne-Prospère, irmã mais nova de sua esposa, e implorou para que pudesse casar-se com ela. Tanto seu pai quanto sua sogra proibiram a união. Mais tarde, em 1772, Anne-Prospère foi morar com Sade no castelo de Lacoste, na Provença. Foi nessa época que ocorreu o infame "envenenamento" em Marselha.

Num baile, serviram-se bombons de chocolate aos convidados. Os bombons estavam tão gostosos que as pessoas os comeram em grande número. O que não sabiam é que Sade os "batizara" com copiosa quantidade de cantárida, um pó afrodisíaco feito com um besouro espanhol. Conta-se que uma orgia frenética se seguiu ao jantar. Infelizmente, a cantárida em altas doses é venenosa, e muitos convidados ficaram doentes, embora ninguém tenha morrido.

Sade foi acusado de envenenamento e sodomia, com seu criado de quarto Latour, e os dois foram condenados à morte num processo à revelia. Fugiram para a Itália com Anne-Prospère, que depois de alguns meses ficou doente e morreu. Em seguida, Sade parece ter voltado ao convívio com sua esposa Renée-Pelagie e se escondido em Lacoste. Com a ajuda de um bom advogado, ficou fora da prisão e, no decorrer dos anos seguintes, contratou várias criadas para trabalhar em seu castelo. A maioria abandonou o emprego rapidamente, queixando-se de crueldade e maus-tratos, mas sempre eram substituídas por outras.

Em 1777, o Marquês de Sade foi induzido a voltar a Paris. Ali, sobretudo graças aos esforços de sua sogra, Madame de Montreuil, foi

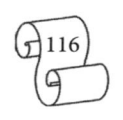

aprisionado no Château de Vincennes. Passou a maior parte dos 37 anos seguintes na prisão, e foi nessa situação que começou a escrever seus romances pornográficos, *Os 120 Dias de Sodoma* e *A Filosofia na Alcova*. Além destes, se destacam também *Justine, ou les malheurs de la vertu* (*Justine, ou Os Infortúnios da Virtude*) e *Juliette, ou les prospérités du vice* (*Juliette, ou As Prosperidades do Vício*). Os romances contam as histórias de duas irmãs: a virtuosa Justine, que acabou sendo submetida a todos os tipos de depravação e tortura, e a libertina Juliette, que se entregava aos vícios, mas levou uma vida tranquila, feliz e próspera.

Foi enquanto estava em Vincennes que Sade foi acusado de sequestrar e assassinar virgens. Ele sempre negou a acusação e indicou o paradeiro de cada uma das garotas. Defendendo-se, escreveu à sua esposa em 1781: "Sim, admito que sou um libertino; imaginei tudo o que pode ser feito nessa linha, mas não pratiquei tudo o que imaginei e nunca pretendo fazê-lo. Posso ser libertino, mas não sou um criminoso nem um assassino [...]". E assinou a carta com sangue.

Apelou contra a sentença de morte, mas permaneceu na prisão, sendo transferido para a Bastilha quando Vincennes foi fechada. Depois de divulgar as preferências sexuais do diretor da prisão aos berros para os transeuntes, foi internado no asilo de loucos de Charentes.

AS PERVERSÕES NO NOVO MUNDO E A ZOOFILIA

Quando procuramos nos informar sobre crimes e contravenções, inclusive de caráter sexual, os registros de processos penais são sempre úteis, pois detalham todos os casos, quer se trate de crimes propriamente ditos ou de pecados contra a moral. Depois que os Peregrinos navegaram no *Mayflower* até a Baía de Plymouth, em dezembro de 1620, William Bradford registrou num diário os detalhes da vida na nova colônia. Na qualidade de governador da Colônia de Plymouth a partir de 1621, estava na posição ideal para saber tudo o que acontecia com seus governados.

Of Plymouth Plantation, livro escrito pelo Governador Bradford, é uma história detalhada, em dois volumes. Uma população pequena,

a fome, as dificuldades da vida e as doenças exacerbavam os problemas normais da convivência próxima entre pessoas. Por isso, o governador tinha de lidar regularmente com um grande número de questões morais e conjugais. Dependendo da ofensa cometida, às vezes eram aplicados os mais terríveis castigos. Uma das situações mais tristes ocorreu em 1642 em um chocante caso de zoofilia.

Um rapaz de 16 anos chamado Thomas Granger foi pego em flagrante delito com uma égua. Bradford registra: "Este ano, ele foi descoberto num ato de sodomia, e depois também acusado de praticá-la com uma égua, uma vaca, duas cabras, cinco ovelhas, duas novilhas e uma perua. É horrível ter de mencioná-lo, mas é o que exige a verdade histórica."

Interrogado, o pobre Granger admitiu que era culpado de cometer o ato várias vezes com a égua e todos os outros animais, confirmando o fato diante do juiz e do júri. Em seguida, identificou cada um dos animais, o que foi bastante fácil — exceto pelas ovelhas, que ele teve certa dificuldade para distinguir umas das outras. Isso seria cômico se ele não tivesse sido executado por seu pecado, assim como todos os animais: "Os animais foram lançados numa enorme fossa escavada para esse fim, e nenhuma parte deles foi utilizada."

Os registros de Bradford dão a entender que esses casos não eram tão raros quanto talvez se suponha. Theophilus Eaton, um governador da Colônia de New Haven, registra um caso semelhante, onde um homem chamado Thomas Hogg foi acusado de ter gerado um leitão com uma porca. Embora isso pareça impossível, a notável semelhança entre o leitão e o homem foi tomada como prova conclusiva: ambos tinham um defeito no olho direito. No caso, Hogg teve um castigo mais leve: foi açoitado e dedicou-se a trabalhos forçados na prisão para se curar da luxúria. A história não nos conta o que aconteceu com o leitãozinho.

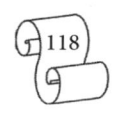

O CLUBE DO FOGO DO INFERNO

Numa época em que os clubes de cavalheiros cuidavam de todos os interesses de seus membros, o primeiro Clube do Fogo do Inferno (Hellfire Club) foi fundado em 1719 por Felipe, Duque de Wharton, como uma versão satírica dos clubes normais. A intenção era ridicularizar a religião e a moral e chocar a sociedade, mais em tom jocoso do que um ataque sério. O presidente era chamado de Satanás e os membros de demônios, advindo daí a origem do nome do clube, mas não há indícios de que eles tenham efetivamente se dedicado ao culto de Satanás ou tivessem crenças satânicas. O próprio Wharton era, por um lado, um político influente e culto e, por outro, um bêbado, um libertino e um devasso.

O clube se reunia aos domingos, em geral na Taverna do Galgo. Porém, como as reuniões (ao contrário das dos outros clubes da época) não contavam somente com a presença de homens, mas também de mulheres, elas também eram realizadas nas casas dos membros, uma vez que as mulheres não podiam frequentar tavernas. O clube fechou em 1721, quando Jorge I, influenciado por Robert Walpole, apresentou o "Projeto de Lei contra a Imoralidade", que tinha por principal alvo o Clube do Fogo do Inferno. Depois disso, Wharton se tornou maçom e acabou sendo o Grão-Mestre de toda a Inglaterra.

Afirma-se que Francis Dashwood e o Conde de Sandwich eram membros de um Clube do Fogo do Inferno da década de 1730, que se reunia na Taverna George e o Abutre, em Cornhill, Londres. Depois, Dashwood fundou a Ordem dos Cavaleiros de São Francisco, em 1746. As reuniões eram tão populares que a taverna ficou pequena; passaram então a ser realizadas na casa de campo de Dashwood, em West Wycombe, tendo a primeira delas ocorrido em 1º de maio (a Noite de Walpurgis)[8] de 1752. A escolha da data e a festividade a ela associada refletem a obsessão de Dashwood pelo paganismo.

---

8 Festa celebrada na noite do dia 30 de abril para o 1º de maio em países da Europa Nórdica e Central. Em sua versão tradicional, ligada ao paganismo, ela celebra a chegada da primavera. Em sua versão cristã, trata-se de uma homenagem a Santa Valburga, abadessa de Heidenheim na Baviera, nascida no Devonshire no Século VIII. (N. do E.)

Depois disso, Dashwood alugou a Abadia de Medmenham, uma mansão da era Tudor às margens do Tâmisa, perto de Marlowe, no condado de Buckinghamshire, que fora originalmente uma abadia cisterciense. Havia debaixo da abadia uma caverna que Dashwood acreditava ser um antigo local de culto pagão; ele ainda escavou uma série de outras cavernas onde o Clube do Fogo do Inferno poderia celebrar seus ritos. Entre os membros já se incluíam muitos dos personagens mais influentes da época, como John Montagu (o Quarto Conde de Sandwich), Robert Vansittart (que depois tornou-se governador de Bengala), Thomas Potter (membro do parlamento e filho do arcebispo de Cantuária), John Wilkes (membro radical do parlamento e jornalista) e Benjamin Franklin, que depois se tornaria um dos patriarcas fundadores dos Estados Unidos. O artista William Hogarth também estava ligado ao clube e pintou um retrato de Dashwood como São Francisco.

Havia muita especulação em torno das reuniões, bem como rumores de devassidão, orgias pagãs, sacrifícios e missas negras. É difícil separar os fatos da ficção, mas os membros supostamente usavam vestes brancas nos rituais, ao passo que Dashwood, na qualidade de "abade", se vestia de vermelho. Diz-se que as cavernas eram decoradas com imagens mitológicas de Vênus, Baco e Príapo, ao lado de falos e outros temas sexuais, embora nada disso tenha sido conservado. A amante de Dashwood, uma famosa cafetina de Londres apelidada de "Hellfire Stanhope", participava dos rituais com várias funcionárias de seu estabelecimento. Essas convidadas do sexo feminino eram chamadas eufemisticamente de "freiras", e o mais provável é que as reuniões não passassem de pretextos para fins de semana de diversão, bebedeira, comilança e sexo.

Em 1762, Francis Dashwood foi nomeado Ministro das Finanças, mas foi obrigado a renunciar no ano seguinte, quando o imposto sobre a cidra, por ele criado, quase provocou uma revolta popular. Depois disso, assumiu seu assento na Câmara dos Lordes na qualidade de XV Barão Le Despencer. As reuniões se tornaram mais raras e, em 1766, o Clube do Fogo Infernal já não existia.

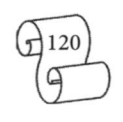

MORTE ACIDENTAL POR ASFIXIA ERÓTICA

Prefigurando os excessos de certos músicos do final do século XX, Franz Kotzwara era um célebre contrabaixista e compositor tcheco que gostava da vida em sociedade, de mulheres, da bebida e do sexo não convencional. Levava uma vida nômade e viajava pela Europa tocando com diferentes orquestras; mas, no fim do verão de 1791, estava em Londres.

Na noite do dia 2 de setembro, visitou Susannah Hill, uma prostituta de Vine Street, em Piccadilly Circus. Depois de jantarem, ele ofereceu dois xelins a ela e pediu que lhe cortasse os testículos. Ela se recusou, mas então ele enrolou uma faixa em torno do pescoço, amarrou-a à maçaneta da porta e morreu estrangulado enquanto tinha relações sexuais com Susannah.

Seguiu-se um julgamento espetaculoso no tribunal Old Bailey, em que Susannah Hill foi acusada de assassinato. Por sorte, havia várias testemunhas de que Kotzwara tinha preferências sexuais incomuns, de modo que a prostituta foi absolvida.

Os autos do processo foram destruídos para evitar um escândalo, mas parece que uma cópia tinha sido feita, a partir da qual foi produzido um panfleto minuciosamente detalhado. Talvez tenha sido essa a primeira morte documentada causada por asfixia erótica.

LORD BYRON, LOUCO, MAU E PERIGOSO DE SE CONHECER

Nascido em 1788, George Gordon Byron foi um poeta famoso e um dos principais vultos do movimento romântico. Sintetizou em sua vida todos os excessos da aristocracia e estava sempre endividado até os tubos, mas notabilizou-se pelos ardentes casos amorosos e pelo escandaloso rumor de um relacionamento incestuoso.

Formado na Harrow School e no Trinity College de Cambridge, Byron foi mimado pela mãe. Indisciplinado desde a infância, sempre teve uma natureza apaixonada. Escreveu: "Minhas amizades de escola eram, em mim, paixões (pois sempre fui violento)."

Na viagem que os aristocratas costumavam fazer à Europa continental na juventude, Byron visitou o Mediterrâneo e o Levante, pois a Itália e outros países europeus estavam fora de acesso em razão das guerras napoleônicas. Foi ao voltar dessa viagem que ele teve o primeiro de seus muitos casos amorosos. Byron era deslumbrante, brilhante, sombrio e taciturno; não admira que Lady Caroline Lamb o tenha qualificado como "louco, mau e perigoso de se conhecer". No começo ela o afastou, mas os dois logo se tornaram amantes e causaram um escândalo na alta sociedade. Caroline Lamb era casada com Lorde Melbourne, que depois se tornou primeiro-ministro do Reino Unido. Era obcecada por Byron; num episódio famoso, se vestiu de pajem para correr ao lado da carruagem dele.

Byron se cansou do relacionamento e rapidamente a abandonou, mas Caroline Lamb nunca chegou a se recuperar plenamente, sobretudo depois que Byron se casou com sua prima, Anne Isabella Milbanke. Byron e Anne tiveram uma filha chamada Augusta Ada, mas o casamento não foi feliz. Byron maltratava Anne, e, pior, corriam persistentes rumores acerca de um relacionamento dele com sua própria meia-irmã Augusta Leigh. Os dois mal se viram durante a infância, mas se tornaram íntimos na idade adulta. Outros boatos falavam de violência e sodomia. Byron aparentemente era incapaz de evitar os escândalos e em 1816 deixou a Inglaterra para nunca mais voltar.

Naquele verão, Byron passou uma temporada na Villa Diodati, uma mansão localizada no município de Cologny, região do Cantão de Genebra próxima ao Lago Léman, na Suíça, junto com Percy Bysshe Shelley, Mary Godwin (que viria a se casar com Shelley), Claire Clairmont, prima de Mary, e John William Polidori, médico, escritor e braço direito de Lord Byron. Eles ficaram presos na casa durante semanas em razão da chuva torrencial que caiu de forma constante durante 130 dos 183 dias de verão. E a atmosfera intensa que se estabeleceu lá dentro inspirou Mary Shelley a criar a história que depois se tornou o romance *Frankenstein*. Polidori também se inspirou no clima soturno do local e surgiu o primeiro esboço do

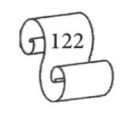

seu famoso personagem, Lord Ruthven, que daria origem ao conto *O Vampiro*, lançado em 1819.

Byron morreu de febre em Missolonghi, em 1824. Aos 36 anos, havia viajado à Grécia para lutar pela liberdade desta contra a opressão do Império Otomano.

VITÓRIA E ALBERTO E A ORIGEM DO *PIERCING*

A Rainha Vitória e seu consorte, o Príncipe Alberto de Saxe-Coburg, eram paladinos da moral e estabeleceram os valores da era vitoriana, mas é óbvio que tinham uma vida sexual extremamente ativa. Um casal, mesmo que sejam uma rainha e um príncipe consorte do século XIX, raramente conseguirá ter nove filhos sem uma boa dose de desejo misturada ao amor e ao afeto. Mas a história deles tem alguns detalhes surpreendentes.

Desde aquela época correm rumores de que Vitória tinha uma pequena tatuagem num lugar "íntimo" e, logo, fora da vista da maioria das pessoas. Uma vez que essa tatuagem seria a figura de um tigre-de-bengala lutando contra uma serpente — uma imagem adequadamente excitante e poderosa —, ficamos nos perguntando em que medida ela realmente poderia ser pequena ou discreta.

O Príncipe Alberto tinha uma forma muito particular de *piercing*, à qual ele inclusive emprestou seu nome. No século XIX, a moda mandava que os homens usassem calças extremamente apertadas. Para que o pênis não formasse uma saliência muito chamativa, ele era perfurado com um anel que passava atrás da uretra. Assim, uma fita poderia ser passada pelo anel a fim de manter o membro bem junto à costura interior das calças. Afirma-se que o anel do Príncipe Alberto também servia para puxar seu prepúcio e melhorar a higiene pessoal, uma vez que ele não era circuncidado.

TATUAGENS

O "Professor" George Burchett, "Rei dos Tatuadores", que foi expulso da escola aos 12 anos, em 1884, por tatuar seus colegas, nunca confirmou que a Rainha Vitória fosse uma de suas clientes. No entanto, ele realmente tatuou o Rei Jorge V, neto de Vitória, bem como os reis Frederico IX da Dinamarca e Afonso XIII da Espanha. Teve muitos clientes e, em sua autobiografia, afirmou que, após a morte da rainha, em 22 de janeiro de 1901, foi obrigado a trabalhar dia e noite, durante semanas, para atender à demanda de tatuagens comemorativas que diziam "Em Memória da Nossa Rainha".

A história da tatuagem remonta ao alvorecer da humanidade. As duas tatuagens coloridas mais antigas de que se tem notícia foram encontradas num homem da Idade da Pedra que morreu há mais de 5.000 anos, e numa antiga sacerdotisa egípcia da deusa Hator, de mais de 4.000 anos atrás. As tatuagens eram conhecidas na Grécia antiga, embora fossem mais comuns entre os escravos. Há quem afirme que os reis anglo-saxões eram tatuados.

As tatuagens às vezes tinham um sentido sexual, sobretudo em certas tribos onde eram usadas como encantamento para aumentar a fertilidade ou curar a esterilidade. Havelock Ellis, psicólogo e estudioso do comportamento humano, que escreveu *Estudos sobre a Psicologia do Sexo* no começo do século XX, pesquisou também a tatuagem como fetiche. Um homem, depois de mandar tatuar uma borboleta em seu pênis, relatou: "Alguns minutos depois de sair do estúdio, experimentei o fenômeno da ereção e da ejaculação acompanhado por uma sensação de exaltação física tão grande que, depois, quase perdi completamente as forças."

Pictos (cerca de 300 a.C.)
cobertos de arte corporal

Atribui-se às navegações de descobrimento a reintrodução das tatuagens na Europa. Sir Martin Frobisher voltou de uma expedição em busca da Passagem de Noroeste com três esquimós — um homem, uma mulher e uma criança — que viraram atrações na corte da Rainha Elisabete I, sobretudo pelo fato de a mulher ter tatuagens no queixo e na testa.

A palavra tatuagem vem do haitiano *tatau*. Foi só depois que Sir Joseph Banks (botânico das expedições do Capitão Cook) e vários marinheiros voltaram tatuados das viagens ao Pacífico Sul que a ideia pegou e os tatuadores começaram a trabalhar, especialmente nos portos marítimos. No século XIX, com monarcas e chefes de Estado à frente, as tatuagens se difundiram pelas classes governantes de toda a Europa. Jennie, esposa de Sir Randolph Churchill e mãe de Winston Churchill, tinha uma serpente tatuada no pulso. Sempre que a ocasião exigisse, a tatuagem poderia ser coberta por uma pulseira especialmente desenhada. O próprio Churchill tinha uma âncora tatuada no antebraço.

PORNOGRAFIA VITORIANA

Segundo o Oxford English Dictionary, a palavra *pornography* (pornografia) foi usada pela primeira vez em língua inglesa por volta de 1850; literalmente, designa qualquer coisa escrita ou desenhada por ou sobre prostitutas (*pornoi*). É claro que esse tipo de literatura já existia há muito tempo — basta lembrar das obras de Aretino, na Itália renascentista. Na Inglaterra, a Lei das Publicações Obscenas, de 1857, tornou mais rigorosa a censura literária no reino, permitindo que os juízes ordenassem a destruição de tudo que lhes parecesse licencioso — "qualquer publicação obscena oferecida para venda ou distribuição". Isso incluía livros, gravuras e folhetos. Na prática, a lei serviu para aquecer o mercado clandestino de pornografia francesa, que atendia a uma demanda aparentemente insaciável.

UM INGLÊS EM PARIS

Frederick Hankey, um capitão do exército particularmente afeito à decadência, mudou-se para Paris depois da aposentadoria em busca de prazeres. Estava mais que disposto a fornecer livros picantes e materiais eróticos franceses a uma animada clientela inglesa.

Segundo todos os relatos, Hankey era uma pessoa extremamente desagradável. Mesmo seu amigo Henry Spencer Ashbee, colecionador de pornografia da época vitoriana, comentou que ele era "um segundo Sade, mas sem o intelecto do primeiro".

Os irmãos Edmond e Jules de Goncourt, críticos que o conheceram em Paris em 1862, descreveram-no em termos não muito lisonjeiros: "É um jovem de cerca de 30 anos. Suas têmporas são saltadas como uma laranja, tem os olhos de um azul claro e penetrante, sua pele é extremamente fina e revela a rede de veias subcutâneas [...]" Deploravam ainda seus gostos pervertidos, qualificando-o como "um louco, um monstro, um daqueles homens que vivem à beira do abismo [...] um homem que só goza de sua libertinagem mediante o sofrimento das mulheres".

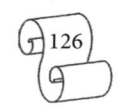

Os irmãos também se referiram à grotesca encomenda que Hankey fez ao explorador Sir Richard Burton, que viajava pela África: a pele de uma mulher nativa. Parece que Hankey a queria para encadernar alguns livros, mas Burton não atendeu ao pedido.

Além de publicar pornografia a ser contrabandeada para a Inglaterra, Hankey tinha sua própria coleção de materiais sadomasoquistas, que legou a Henry Spencer Ashbee quando morreu, em 1882.

HENRY SPENCER ASHBEE

Ashbee era escritor, viajante e amante dos livros; além disso, foi o maior colecionador de material pornográfico da época vitoriana. Reuniu milhares de volumes em várias línguas diferentes. Sob o pseudônimo de Pisanus Fraxi, foi também o autor de um livro de referência sobre o assunto, em três volumes.

Quando morreu, em 1900, legou toda a sua coleção de 15.299 livros pornográficos ao Museu Britânico. As autoridades do museu relutaram imensamente em aceitá-la, mas junto com o material erótico também receberiam uma coleção exclusiva de edições e traduções de *Dom Quixote*. Ashbee conseguiu, portanto, chantagear o Museu Britânico para obrigá-lo a aceitar sua literatura erótica, garantindo que a coleção, e a obra de sua vida, permanecessem intactas.

O VÍCIO INGLÊS

A partir do século XVIII, aqueles que tinham interesse pelas possibilidades eróticas da flagelação puderam ler a tradução inglesa que Edmund Curll fez do livro *Um Tratado sobre o Uso da Flagelação*, escrito em latim por Johann Heinrich Meibom e publicado originalmente em 1639.

O livro teve uma influência imensa naquela época, pois dava uma explicação fisiológica detalhada dos efeitos do espancamento e da flagelação, fazendo referência a textos clássicos para apoiar determinadas teorias. Meibom explicava: "Há pessoas estimuladas aos atos venéreos por golpes de varas, cuja chama de luxúria se acende mediante pancadas e em quem aquele membro que nos distingue como homens só é levantado pelo encanto de revigorantes chicotadas."

A ideia de ser flagelado para obter prazer sexual ganhou o apelido de "o vício inglês". Alimentado pelos castigos corporais aplicados nas escolas privadas, os quais não raro eram brutais, esse vício era particularmente popular entre as classes altas e os homens de elevada posição. Os detalhes variam, mas a ideia básica era que o homem (ou, de vez em quando, a mulher) se comportava mal e, como castigo, era açoitado ou espancado.

O mercado negro de pornografia de flagelação era extremamente aquecido durante a época vitoriana e milhares de livros e livretos sobre o tema foram produzidos no próprio país ou contrabandeados do exterior. Além de toda essa literatura, alguns bordéis atendiam especificamente aos clientes que tinham gosto pela dor. Um dos mais populares era dirigido pela Sra. Theresa Berkley, no nº 28 da Charlotte Street, no coração da Fitzrovia londrina. Lá, ela não só aplicava os castigos desejados como também mantinha, à disposição dos clientes, várias meninas dispostas a ser açoitadas caso isso desse prazer ao homem. Mary Wilson, autora de *Venus Schoolmistress* (*A mestre-escola de Vênus*, 1877), listou algumas das meninas: "Srta. Ring, Hannah Jones, Sally Taylor, Peg de um olho só, Poll da boceta depilada e uma moça negra chamada Ebony Bet." O "Cavalo de Berkeley", que se parece com duas escadas formando um "V" de cabeça para baixo, foi inventado para auxiliar no processo de flagelação.

A Sra. Berkley fez tanto sucesso no papel de dominadora que, quando morreu, deixou a seu irmão mais de 10.000 libras, uma pequena fortuna que, hoje, equivale a quase um milhão de libras. O irmão, um missionário devoto, se sentiu obrigado a recusar a doação.

O VITORIANO LIBERAL

O britânico Henry Havelock Ellis foi médico, escritor, reformador social e pioneiro das pesquisas sobre o comportamento sexual. Idealista liberal, foi uma das primeiras pessoas a apoiar abertamen-

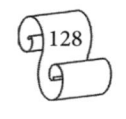

te os direitos dos homossexuais e o direito das mulheres ao controle de natalidade.

Ellis tinha suas predileções particulares. Quando menino, visitara o Zoológico de Londres com a mãe e, por mero acaso, viu-a urinar no chão. Na idade adulta, passou a associar esse ato com sentimentos de caloroso afeto pelas mulheres. Gostava de ver as "chuvas douradas" de suas amantes e criou a teoria de que as fontes públicas tinham sido inspiradas nesse ato. Também acreditava que Rembrandt retratara tal ato numa pintura de 1654, mas que o jorro de urina fora retirado da pintura. Fez vários estudos científicos do fluxo urinário feminino, que foram publicados no *American Journal of Dermatology*, um periódico científico, em 1902.

A VERDADE SOBRE A ORELHA DE VAN GOGH

Van Gogh é lembrado como um gênio torturado que cortou a própria orelha por amor, numa época em que lutava contra a depressão e sofria surtos psicóticos periódicos. A verdade talvez seja um pouco mais complexa.

O ciúme sexual arrasara Van Gogh. Embora morasse em Arles, no sul da França, cujas mulheres tinham a reputação de serem as mais atraentes do país, Van Gogh era sumariamente ignorado pelo sexo oposto. Seu irmão Theo, mais novo que ele, estava recém-casado; nessa época, o amigo e também pintor Paul Gauguin foi morar com Van Gogh para fazer-lhe companhia. Van Gogh tinha uma obsessão por Gauguin, que não só fazia mais sucesso como pintor como também era infinitamente mais popular junto às mulheres.

Quando os dois brigaram (talvez por causa de uma mulher), Gauguin declarou que deixaria a "Casa Amarela", onde eles moravam em Arles; e Van Gogh, irado, atirou-lhe um copo. Os dois saíram para caminhar pela cidade e a discussão novamente se exacerbou. Gauguin, que era um excelente esgrimista, puxou a espada e, provavelmente para se defender, cortou o lóbulo da orelha esquerda de Van Gogh.

Van Gogh embrulhou o pedaço sangrento de orelha num lenço e deu-o de presente a Rachel, uma prostituta que havia recusado suas investidas. Era uma paródia bizarra de um presente de amor. Os amigos, embora brigados, fizeram um pacto de silêncio em torno do que acontecera e Van Gogh se arrastou para casa, onde foi encontrado na manhã seguinte.

POODLES E PANTERAS

Era como jantar com panteras:
o perigo era metade do entusiasmo.

Oscar Wilde

DESDE AS CORTESÃS PARISIENSES, que ganhavam muito dinheiro e desfilavam com cãezinhos tão mimados quanto elas, até as prostitutas de rua, cafetinas, michês e travestis, encontrava-se de tudo nas ruas das cidades, e para tanto não era preciso ir muito longe. Ligações perigosas, encontros clandestinos e escândalos nem sempre secretos ocorriam em teatros, galerias, parques públicos, hotéis e atrás de portas fechadas em toda parte. Os subornos e propinas corriam soltos, mas alguns, como Wilde, pagaram caro pelo que fizeram.

No século XVIII, apesar das ameaças de punição, multas e penas de prisão (em instituições como a inglesa Bridewell), a prostituição prosperava. Em cidades da Europa continental, como Paris, tendia a ser relativamente discreta. Cortesãs de classe alta, sustentadas por seus amantes aristocratas, promoviam saraus literários e artísticos em endereços da moda, mas as prostitutas de bordéis e de rua permaneciam em zonas bem demarcadas.

Em Londres, o comércio sexual era muito mais disseminado. Meninas pobres encontravam clientes nas vielas que saíam da Fleet Street ou os levavam para hotéis de quinta categoria em Drury Lane. O advogado e escritor James Boswell ganhou má fama por praticar a libertinagem na ponte de Westminster, no St. James Park, ou onde quer que lhe desse na telha, ao passo que amantes de classe média recebiam seus homens em Marylebone, e as mais ricas nas mansões de Mayfair. Havia parques particulares, mas abertos ao público, onde se podia tomar chá e ouvir música, e eles também proporcionavam oportunidades para frivolidades e indecências de todo tipo. O próprio Samuel Pepys se chocou com o comportamento inadequado que

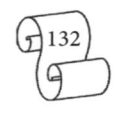

testemunhou em Vauxhall Gardens. Mas o grande foco da devassidão, o coração do comércio sexual, era o Covent Garden.

COVENT GARDEN

A praça em frente ao Covent Garden, no século XVII

Projetadas e construídas por Inigo Jones para o Duque de Bedford no começo do século XVII, a elegante praça e as casas em estilo italiano de Covent Garden se tornaram imediatamente populares. Quando as feiras de flores, frutas e legumes se mudaram para lá após o grande incêndio de Londres, foram logo seguidas por tavernas e cafeterias; não demorou para que os "bagnios", ou banhos públicos, também surgissem.

Pessoas de todas as profissões e classes sociais se misturavam na maioria das noites em estabelecimentos como a taverna Shakespeare's Head e a cafeteria Bedford Head. Era tão fácil encontrar por lá os atores David Garrick e Sarah Siddons quanto os literatos Samuel Johnson, Henry Fielding e Tobias Smollett e os artistas plásticos Joshua Reynolds e William Hogarth. A região era um ambiente propício para a troca de ideias, a política e as fofocas. Comerciantes e vigaristas faziam ali os seus negócios, e uma das mercadorias mais negociadas era, sem dúvida, o sexo.

A LISTA DE HARRIS

A maioria dos cafetões tinha alguma espécie de livro negro, um "quem é quem" das prostitutas e cafetinas. A lista de Harris era exatamente isso, mas numa escala bem ampla. Jack Harris era o chefe do serviço de mesas da taverna Shakespeare's Head e, segundo ele próprio, o "cafetão-mor de toda a Inglaterra". Seu caderninho escrito à mão guardava os nomes e endereços de mais de quatrocentas "sacerdotisas de Vênus". Ele o mantinha sempre atualizado e corrigia-o regularmente. Muitas moças só passavam ali uma breve temporada, vendendo o próprio corpo — na falta de outra mercadoria — quando suas famílias enfrentavam tempos difíceis ou seus maridos eram jogados na Prisão de Fleet, onde se trancafiavam os endividados. Chegavam lá num ano, ganhavam o suficiente para pagar uma fiança e, no ano seguinte, iam embora. Não se sabe ao certo como se reintegravam na sociedade respeitável; talvez apenas se mudassem para outro bairro.

Harris conhecia todas elas e registrava suas idades, seus preços, os serviços especiais que porventura oferecessem, descrições de sua aparência, seu caráter, seus detalhes biográficos e mais um assunto muito importante — suas condições de saúde. Com tantas informações a seu dispor, não admira que Harris tivesse a reputação de conseguir atender aos gostos de qualquer cliente.

Foi Samuel Derrick quem teve a ideia de publicar a lista na forma de livro; ele conhecera a lista quando fazia uso dos serviços de Harris. Derrick chegara em Londres em 1751, vindo de Dublin. Era um homem ambicioso, mas seu gosto pelo vinho e pelas mulheres o havia atraído para Covent Garden e a sorte não lhe sorrira. Seis anos depois, endividado, foi confinado na *sponging house*[9] do Bailio Ferguson. A única perspectiva que tinha adiante de si era a de ser transferido para a Prisão de Fleet.

---

9 *Sponging house* era uma casa de detenção onde os devedores ficavam internados antes de ir para a penitenciária. Durante o tempo que ali passavam, esperava-se que dessem um jeito de pagar suas dívidas. (N. do T.)

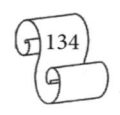

Derrick vira quanto dinheiro Harris ganhara com sua lista e pensou que poderia aperfeiçoá-la. Deve ter chegado a um acordo com o autor original para usar suas notas e seu nome, pois Harris tinha a reputação de pessoa violenta; o mais provável é que Derrick tenha pagado um valor fechado por essa permissão de uso.

Com anos de experiências das senhoritas de Covent Garden, Derrick pôde acrescentar seu toque pessoal às notas de Harris. Acrescentou também historietas inteligentes e piadas para entendidos, que apelassem aos potenciais leitores. Encontrou em H. Ranger um editor ansioso para publicar o livro; Ranger adiantou a Derrick o dinheiro necessário para pagar suas dívidas e não ir para a cadeia. Em poucos meses, em 1757, a primeira edição foi impressa e posta à venda pelo preço de dois xelins e seis *pence*. A princípio, era vendida somente na Shakespeare's Head e nos bordéis próximos, mas logo ganhou mais circulação. Em pouco tempo, estava vendendo oito mil exemplares por ano. *Harris's List* ficou tão popular que foi atualizada e relançada a cada ano durante quase 50 anos.

Durante 12 anos, Samuel Derrick foi o único editor da lista. No entanto, sua identidade permaneceu desconhecida até ele morrer, em 1769, quando deixou a renda da última edição para Charlotte Hayes, uma velha amiga e cortesã por quem ele era apaixonado, mas não tivera dinheiro suficiente para sustentar. Outros, também anônimos em sua maioria, assumiram a editoria da lista, mas ela nunca mais foi tão brilhante quanto sob a editoria de Derrick.

Quando Jack Harris viu o sucesso da lista que fora sua, tentou publicar uma versão que ele mesmo elaborasse. Chamada *Kitty's Attalantis*, não era páreo para a versão de Derrick e só teve uma edição.

O PROGRESSO DA PROSTITUTA

No século XVIII, a ideia mais comum era que as prostitutas, em sua maioria, eram meninas inocentes atraídas para a cidade grande e, depois, enganadas e corrompidas por uma cafetina imoral. Embora o público em geral tivesse certa tolerância com as prostitutas, era hostil às que começavam a cafetinar. O recrutamento de meninas para trabalhar em bordéis era visto como uma coisa má, e imaginava-se que as cafetinas usassem de trapaça para prender as meninas em seus estabelecimentos, recorrendo à violência e a ameaças.

A série de pinturas e gravuras *O progresso da prostituta*, de William Hogarth, contava uma história dessas, onde a jovem e ingênua Moll Hackabout chegava do campo e ia para a Estalagem Bell, perto de Cheapside. Em suas imagens, Hogarth critica de modo satírico a moral da sociedade britânica da época; seus personagens representavam pessoas que ele efetivamente conhecia.

Moll, por exemplo, foi baseada em Kate Hackabout, que trabalhava para a Mamãe Needham, cafetina famosa que dirigia um bordel na elegante Park Place, em St. James. Ligada à aristocracia e vizinha de vários duques e condes, Elizabeth Needham considerava-se imune à lei. Tinha, porém, a reputação de ser uma empregadora rigorosa e cruel.

Na primeira cena de *O progresso da prostituta*, o homem que assiste à chegada da garota é o famigerado Coronel Charteris; o homem que dança a seu redor provavelmente é John Gourlay, o cafetão que lhe arranjava prostitutas. Em 1730, Charteris foi condenado à morte por estuprar a criada Ann Bond. Mamãe Needham, por sua vez, foi condenada por ter oferecido Ann Bond a Charteris (segundo se dizia, não era a primeira vez que ela lhe fornecia uma vítima). Foi presa no tronco em abril de 1731 e, ali, foi a tal ponto apedrejada pela multidão enfurecida que morreu três dias depois.

Hogarth documentou a ascensão de Moll à posição de amante e sua subsequente queda. Na cena quatro ela já está na prisão, ainda vestida de seda, mas desfibrando cânhamo. A prancha seguinte mostra-a num quarto paupérrimo de Covent Garden, morrendo de sífilis terciária. Na cena final, Moll está em seu caixão e o ciclo de tristeza recomeça.

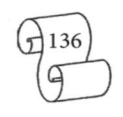

A HIERARQUIA DO VÍCIO

Havia uma hierarquia rigorosa entre as prostitutas de Londres. No alto da escala estavam as moças bem-educadas de família tradicionais empobrecidas, que eram amantes sustentadas em seu próprio apartamento por um admirador ou cliente rico. Tendiam a morar nas proximidades dos palácios reais, ou seja, nos bairros de St. James, Westminster, Mayfair e Marylebone.

Depois vinham os bordéis de classe alta de St. James e do Soho — bairro há muito tempo associado ao comércio sexual, o qual, no século XVIII, era de primeira linha. Essas casas bem frequentadas seguiam o estilo dos *salons* franceses — todas as moças permaneciam reunidas num grande salão central —, ofereciam atrações teatrais e atendiam a todos os gostos dos clientes. A demanda por virgens era constante e pequenos frascos de sangue de porco, ou de algum outro animal, eram usados com grande eficácia para permitir que as meninas tornassem a ser "virgens" muitas vezes.

Nocturnal Night Revels (Folias Noturnas), que circulou como um guia de bordéis, saunas e haréns desde a década de 1720 até a de 1770, trazia uma lista de serviços e preços praticados no estabelecimento chique da Sra. Charlotte Hayes, em King's Place, em St. James. Alguns dos nomes provavelmente são referências satíricas a pessoas de verdade. No domingo (sempre a noite mais movimentada), 9 de janeiro de 1769, oito clientes são listados junto com as prostitutas que lhes foram sugeridas.

"Alderman Drybones" (Vereador Ossos Secos) pagou 20 guinéus por Nelly Blossom (Nelly Botão de Flor), de 19 anos, que "não se deita com ninguém há quatro dias e é virgem" (de novo). "Barão Harry Flagellum" pagou 10 guinéus para (segundo se imagina pelo seu nome) ser chicoteado por uma menina de no máximo 19 anos — que poderia ser Nell Hardy, de Bow Street, ou Bat Flourish, de Berners Street, ou ainda Miss Birch, de Chapel Street.

"Lorde Espasmo" pagou 5 guinéus pela bela e forte Black Moll, de Hedge Lane, e o "Coronel Tearall" pagou 10 guinéus pela criada

da Sra. Mitchell, uma "mulher modesta" que acabara de chegar do interior. O "Dr. Frettext" queria, depois do expediente, uma consulta com uma mulher de "pele branca e mão macia"; é bem óbvio qual o serviço pelo qual ele pagou 2 guinéus a Polly Nimblewrist (Pulso Ágil), de Oxford, ou Jenny Speedyhand (Mão Rápida), de Mayfair.

"Conde Alto" pagou 10 guinéus para passar uma hora com uma mulher da moda, que poderia ser a Sra. Smirk (Sorriso Amarelo), de Dunkirk, ou a Srta. Graceful (Graciosa), de Paddington, ao passo que "Lorde Pyebald" pagou 5 guinéus para praticar "*titillatione mammarum*" com a Sra. Tredrille, de Chelsea.

Não eram apenas "cavalheiros" que precisavam de atenção. "Lady Loveit" (Adora Aquilo) pagou a imensa soma de 50 guinéus para ser "bem montada" pelo Capitão O'Thunder ou por Sawney Rawbone.

Os prostíbulos e águas-furtadas de Covent Garden estavam um degrau abaixo dos salões do Soho. Depois deles vinham as prostitutas de rua e as mais desesperadas de todas, que frequentavam as vielas junto ao rio.

Outra realidade triste era a da prostituição infantil. Em 1777, a Mamãe Sarah Woods foi acusada de "abrigar meninas de 11 a 16 anos a fim de enviá-las para percorrer as ruas à noite". Foi pega quando o policial de vigia prendeu uma menina de 12 anos juntamente com o criado que a acompanhava para impedi-la de fugir. Mamãe Woods fazia as meninas trabalharem como empregadas domésticas ao longo do dia e as prostituía à noite.

Não somente as meninas, mas também os meninos que conseguiam escapar à prostituição, eram muitas vezes obrigados a praticar outros crimes, como mendigar, furtar ou bater as recheadas carteiras dos clientes que se amontoavam em Covent Garden.

JILTED (CHUTADO)

O verbo inglês *to jilt*, que significa rejeitar ou "chutar" um amante, vem do substantivo *jilt*, que no século XVII designava uma prostituta. Essa palavra, por sua vez, provavelmente é derivada de um termo mais antigo do inglês médio que significava "menina": *jillet* ou *gill*.

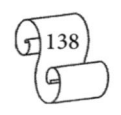

HOOKER (PROSTITUTA)

Já a palavra *hooker* (prostituta) surgiu, segundo consta, na época da Guerra Civil Americana (1862–1867). Diz-se que o General Joseph Hooker era a tal ponto *habitué* de uma parte da Praça Lafayette em Washington, onde havia uma série de bordéis, que aquele conjunto de casas foi chamado "Hooker's Row" (Travessa Hooker). Depois, a mesma palavra passou a designar as mulheres que lá trabalhavam.

CAFETÕES, CAFETINAS, CAFETERIAS E FARRAS

Uma cafeteria da época da Rainha Ana (1702–1714)

A primeira cafeteria de Londres (que na verdade era uma simples barraca de rua) foi inaugurada em 1652 por um grego excêntrico chamado Pasqua Rosée. Enquanto trabalhava como criado para um comerciante inglês em Esmirna, na Turquia, Rosée pegou gosto pela exótica bebida turca e resolveu importá-la para Londres. Pessoas de todas as categorias frequentavam a sua tendinha para se encontrar, beber, pensar, escrever, fofocar e brincar. O combustível de tudo isso era o café.

Era em torno das cafeterias que girava a vida noturna de Covent Garden. Segundo se dizia, todas as noites a cafeteria Bedford Head ficava lotada de "homens de negócios, políticos, eruditos e pessoas inteligentes" que se misturavam alegremente com as celebridades da época, as prostitutas, as cafetinas, os cafetões e os simples criminosos, todos muito bem vestidos para uma noite de diversões.

O cronista William Hickey descreveu a cafeteria Weatherby's como uma das mais escandalosas, qualificando-a como "o inferno absoluto na terra". Isso não o impedia de frequentá-la, e foi com prazer que ele descreveu uma noite em que os clientes subiram nas mesas para poder assistir melhor a uma briga de duas mulheres no chão: "Duas diabas — pois mal tinham aparência humana — brigaram aos arranhões e aos socos, com os rostos completamente cobertos de sangue, os seios nus e as roupas quase arrancadas do corpo."

Era interessante o sistema de entrada na Weatherby's. As mulheres à procura de fazer "negócios" tinham de comprar um "capuchino", ou café com leite, para poder se juntar à multidão que lotava o local.

A CAFETERIA DE MOLL KING

Uma das cafeterias mais famosas de Covent Garden era a dirigida por Tom e Moll King. Primeiro eles tiveram uma banquinha de castanhas na feira, depois abriram um barraco de madeira onde vendiam café a "um *penny* a xícara". Em 1717, porém, o estabelecimento já se tornara uma movimentada cafeteria, que abria nas primeiras horas da manhã para os feirantes e se tornou famosa por suas "folias noturnas" e como "local de encontro de jovens libertinos com suas belas amantes". Todos — jovens almofadinhas e atrizes, poetas e jogadores de cartas — se encontravam ali.

Tom King era descrito como um "cavalheiro decadente" que estudara em Eton e no King's College de Cambridge. Moll foi tema de um panfleto intitulado *A Vida e o Caráter de Moll King, Saudosa Dona da Cafeteria King's, em Covent Garden*, publicado logo após sua morte, em 1747. O texto não só dá a entender que Moll "partilhava seus fa-

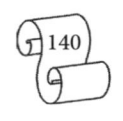

vores" como também afirma que tirava vantagem dos frequentadores bêbados "para que pudesse tomar posse tanto do cavalheiro quanto de sua dama", mantendo-se sempre escrupulosamente sóbria. O panfleto também indica que Moll praticava a agiotagem e tinha "um grande número de mulheres pobres sob o seu controle [...] porque emprestara-lhes dinheiro a juros altos".

Embora a cafeteria jamais tenha sido um bordel, era ponto de encontro de cafetinas, cafetões e seus clientes. Por isso chamou a atenção e, em 1737, Tom e Moll foram acusados de administrar uma casa de má fama. Foram libertados após pagar fiança, pois a pena era de multa, não de prisão.

Em 1739, Tom King morreu de tanto beber. A reputação da cafeteria tornou-se então ainda mais escandalosa, mas o estabelecimento fazia tanto sucesso que Moll King morreu dona de todo um conjunto de casas em Haverstock Hill, em Hampstead. Nada mau para uma vendedora ambulante que também foi chamada de prostituta, ladra e agiota.

UM *BORDELLO* PARISIENSE

Em 1779 foi publicado um estranho livro com o título de *O Espião Inglês, ou a Correspondência Secreta entre Meu Lorde, o Olho, e Meu Lorde, o Ouvido*. Ele nos propicia conhecer um bordel parisiense da época. O autor é anônimo e não se sabe o quanto do livro é fato e o quanto é ficção. No entanto, ele pinta em cores vivas um retrato do *bordello* de Madame Gourdan, com uma equipe de falsas virgens e entradas secretas para proteger as identidades dos clientes e das prostitutas. O bordel contava com buracos nas paredes para que os atos sexuais alheios pudessem ser espionados, fornecia próteses do membro masculino para as mulheres interessadas, tinha sala de massagem, câmaras de tortura à prova de som e quartos de vestir eróticos, para despertar o apetite sexual.

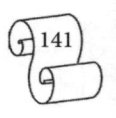

SERVIÇO COMPLETO POR SEIS GUINÉUS

Mulheres à frente de um banho público em 1787

Os banhos públicos, estabelecimentos onde se comercializava o sexo na Idade Média, voltaram a entrar em cena no fim do século XVII. Na Inglaterra dessa época, eram chamados de *bagnios*. Os clientes podiam ficar seminus e os homens e as mulheres se misturavam, de modo que a higiene pessoal estava longe de ser a primeira prioridade desses estabelecimentos.

Os serviços oficiais eram barbearia, banho, sauna e aplicação de ventosas — copos especiais de vidro aquecidos que eram colocados em pontos específicos do corpo para extrair toxinas ou sangue, reduzir as inflamações e tratar diversos problemas de saúde simples. Não oficialmente, os banhos também serviam de ponto de encontro clandestino para homens e mulheres. Os clientes declaravam suas preferências, após o que a mulher adequada (ou o homem) chegava rapidamente, transportada numa liteira.

Os banhos públicos pipocaram em toda a capital, onde quer que houvesse água suficiente. Em Covent Garden havia vários: o

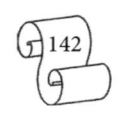142

Haddock's, o Lovejoy's e a Taverna e Banho Bedford Arms estavam entre os mais famosos. Casanova, numa viagem a Londres em 1763, registrou em suas memórias sua visita aos banhos:

> [...] onde um homem rico pode jantar, tomar banho e dormir com uma cortesã elegante, das quais há muitas em Londres. Uma orgia magnífica por apenas seis guinéus.

O historiador alemão Johann Archenholz também nos deixou um relato detalhado:

> Em Londres há estabelecimentos chamados bagnios que são, em tese, banhos públicos; seu verdadeiro objetivo, contudo, é fornecer prazer a pessoas de ambos os sexos. Essas casas são, em geral, ricamente mobiliadas; todos os expedientes possíveis para excitar os sentidos estão presentes nelas ou podem ser obtidos a pedido. Nenhuma mulher mora ali, mas elas chegam em liteiras quando é necessário. Somente as que são atraentes em todos os sentidos têm essa honra, e por isso frequentemente enviam seu endereço a cem banhos desse tipo, a fim de se tornarem conhecidas.
> A mulher que vêm e não agrada ao cliente não recebe honorários; apenas o valor do transporte é pago. [...] Nessas casas se proíbe todo ruído e todo tumulto; não se ouve o barulho de passos, todos os ambientes são acarpetados e os funcionários conversam entre si em voz baixa. Os velhos e os degenerados podem ser flagelados nesses estabelecimentos, que têm instalações especiais para isso.

Archenholz também explicou por que alguns bordéis eram chamados de banhos:

Em todo bagnio *existem instalações de banho, mas elas quase nunca são necessárias. Esses prazeres são extremamente caros, mas, apesar disso, muitas casas desse tipo encontram-se lotadas toda noite. A maioria é próxima dos teatros e muitas tavernas situam-se no mesmo bairro.*

A CELEBRIDADE DO MOMENTO

Na época da Restauração, gravuras das amantes de Carlos II eram muito populares. De início, apenas as cortesãs reais eram representadas nessas estampas, mas logo começaram a ser publicadas imagens de outras prostitutas e atrizes famosas — ou seja, das celebridades do momento. No começo, as gravuras comercializadas eram apenas retratos comuns, mas em pouco tempo começaram a circular caricaturas e estampas satíricas.

Kitty Fisher, uma das atrizes e cortesãs mais famosas, tornou-se tema de gravuras populares quando caiu do cavalo num passeio pelo St. James Park, em março de 1759. Esse "incidente cômico" inspirou meses de canções, desenhos, panfletos e até um livro. Fisher ficou tão ofendida com parte das histórias e imagens que começaram a circular que pagou o famoso artista Sir Joshua Reynolds para pintar um retrato seu, a fim de que pelo menos uma imagem mais atraente e fiel à realidade pudesse ser publicada em lugar das caricaturas.

Com isso, a carreira de Reynolds tomou novo rumo. Já famoso por seus retratos idealizados, ele pintou também a maioria das celebridades da época. Trabalhava rapidamente e às vezes atendia a seis clientes num único dia, entre eles outras cortesãs e pessoas de reputação duvidosa.

Kitty Fisher também publicou uma matéria paga no *The Public Advertiser* para esclarecer a situação:

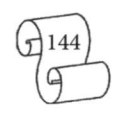

Ela tem sido denegrida nos jornais, devassada nas lojas de gravuras e, para completar, alguns desgraçados, vis e ignorantes servos do dinheiro, quiseram enganar o público ousando publicar um suposto livro de suas memórias. Para impedir que tal atentado tenha sucesso, ela declara publicamente que nada disso tem o menor fundamento na realidade.

Casanova, em sua viagem de 1763, conseguiu ser apresentado a Kitty Fisher. Visto que ele, na época, não tinha um tostão e quase não falava inglês, é pouco provável que a tenha impressionado. Segundo a descrição dele, Fisher morava em aposentos luxuosíssimos, com criados de libré, trajava vestidos caros e usava joias de diamante. Segundo o historiador Archenholz, ela sabia o quanto valia e "exigia cem guinéus por uma noite". Mesmo assim, não lhe faltavam admiradores.

Outra historieta divertida é a de quando Kitty comeu uma nota de 20 ou 50 libras com pão e manteiga no café da manhã. Diz-se ter sido uma gorjeta deixada pelo Duque de York, que Kitty achou tão mísera que se recusou a vê-lo novamente.

Reynolds pintou Kitty muitas vezes, e várias sessões constam em seus diários ao longo dos anos. Num dos retratos mais famosos, ela figura como Cleópatra; ele guardou consigo durante toda a vida um retrato inacabado dela.

Em algum momento entre 1765 e 1767, Kitty se casou com John Norris, senhor de Hempstead Manor, de Benenden, em Kent. Ele foi descrito como um cavalheiro do campo, mas nada mais se sabe a seu respeito. Kitty morreu pouco tempo depois e está enterrada no pátio da igreja de Benenden.

UM CONTO DE DUAS MULHERES

De todas as celebridades do momento, Lavinia Fenton foi uma das mais bem-sucedidas. Lavinia era filha ilegítima; sua mãe havia sido cruelmente enganada e abandonada com a filha ainda bebê. Com a reputação arruinada, ela se mudou para Londres e logo se casou com o Sr. Fenton, dono de uma cafeteria em Charing Cross Road. Não era o lugar ideal para uma menina inteligente, e Lavinia foi enviada a um colégio interno. Aos 17 anos, no entanto, tornou-se amante de um nobre português que prometeu recompensá-la generosamente. Antes disso, porém, ele foi atropelado por suas dívidas e acabou na prisão de Fleet.

Lavinia resolveu ganhar dinheiro para comprar a liberdade do amante e, usando sua inteligência e seus encantos, entrou para uma companhia teatral. Apareceu no palco pela primeira vez em 1726 e depois representou o papel de Cherry Boniface numa nova produção de *The Beaux' Stratagem*, de Farquhar. Foi então que o destino entrou em ação: o produtor John Rich a viu em cena e contratou-a para sua companhia, pagando-lhe um salário regular para representar em seu teatro em Lincoln's Inn Fields.

Quando se descobriu que Lavinia cantava bem, ela assegurou o papel de Polly Peachum em *A Ópera do Mendigo*, de John Gay, embora ainda não tivesse 20 anos. Esse papel mudou sua vida. A peça fez sucesso da noite para o dia e Lavinia, alçada ao estrelato, se tornou a maior de todas as celebridades do momento.

Em 1728, já era amante do Duque de Bolton. Com a morte da esposa, em 1751, o Duque se casou com ela. Levou mais de 20 anos, mas Lavinia morreu rica, respeitável e com o título de Duquesa de Bolton.

A história de Sally Salisbury não acabou tão bem e certamente foi mais típica. Nascida Sally Shrewsbury em 1692, sabia-se desde muito cedo que seria uma beldade. Era inteligente e esperta, mas também era colérica e tinha um lado rebelde e imprevisível. Largou o chapeleiro cujo ofício aprendia para ir vender laranjas no teatro de Drury Lane, onde parece ter caído nas garras do maligno Coronel Charteris. Logo estava trabalhando no prostíbulo de Elizabeth Wisebourne, em Drury Lane, onde mudou o nome quando lhe disseram que ela se parecia com a Condessa de Salisbury.

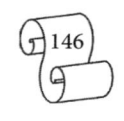

Sally era extremamente popular no estabelecimento da Mamãe Wisebourne (às vezes chamada também de Whybourn) e contou entre seus amantes o Príncipe de Gales (o futuro Jorge II), o Duque de Richmond e o Duque de St. Albans, filho de outra famosa vendedora de laranjas — Nell Gwyn.

Em 1713, causou um tumulto no bordel da Mamãe Wisebourne e atraiu o tipo de atenção que durante anos a cafetina conseguira evitar. Sally, bêbada, foi mandada à prisão de Newgate, mas não por muito tempo. O Juiz Blagney foi cativado por ela e libertou-a. Foi nessa época que um de seus admiradores, talvez o próprio Blagney, deu-lhe uma casa para morar; mas o arranjo não durou muito, e Sally logo voltou a trabalhar para Mamãe Wisebourne. Era lá que ela estava quando a velha cafetina morreu, em 1719.

Depois disso, Sally mudou-se para Park Place, em St. James, um bairro muito mais elegante; no entanto, foi para lá a fim de trabalhar com a rigidíssima Mamãe Needham. Foi ali que, em 1722, num acesso de raiva, ela esfaqueou o amante Lorde Finch. Ao desmaiar nos braços dela, ele sussurrou: "É com prazer que morro pela tuas mãos" — mas acabou se recuperando.

Sally foi presa e viu-se de novo em Newgate. O Lorde Finch, magnânimo e apaixonado pela fogosa amante, fez todo o possível para ajudar, oferecendo a Sally os serviços de um advogado e enviando-lhe cestos de comida. Sally, no entanto, pegou uma encefalite — provavelmente em razão da sífilis — e morreu em 1724, aos 32 anos.

MOLLY HOUSES, OS BORDÉIS SECRETOS PARA GAYS

Ao lado dos bordéis, dos banhos e das cafeterias, havia também as "*molly houses*" ("casas-de-maricas"), como se costumavam chamar os bordéis homossexuais.

Os castigos aplicados aos prostitutos eram muito mais severos do que os das prostitutas. As mulheres condenadas por prostituição poderiam, na pior das hipóteses, ser mandadas para a cadeia, mas o mais comum, dependendo de sua classe social e das relações sociais de seus clientes, era receberem apenas uma multa. Para os homens, a sodomia era não somente ilegal como também, desde a Lei da Sodomia de 1533, decretada por Henrique VIII e ainda constante no código penal, era punida com a pena capital. Embora a maioria dos juízes, na prática, relutasse em decretar a pena de morte, o homossexualismo era punido no mínimo com uma longa pena de prisão e trabalhos forçados, e meras suspeitas eram, muitas vezes, suficientes para arruinar a reputação de um homem.

Em 1707, uma *molly house* no centro comercial de Londres foi invadida pela polícia e 40 homens que frequentavam as vielas ao redor do Royal Exchange foram presos. Deles, quatro preferiram se matar a enfrentar um escândalo: William Grant, um negociante de tecidos, enforcou-se em Newgate; Jacob Ecclestone, comerciante, suicidou-se na mesma prisão; o Sr. Jermain, clérigo da igreja de St. Dunstan's-in-the-East, e o Sr. Bearden, de profissão desconhecida, cortaram o próprio pescoço.

A maior parte das informações sobre este assunto vêm de autos judiciais, jornais e panfletos anônimos. Os autos do tribunal de Old Bailey dão a entender que houve um súbito endurecimento das autoridades no final da década de 1720. Até então, os julgamentos por sodomia eram relativamente raros e poucos homens eram considerados culpados. Entre 1726 e 1728, no entanto, houve dez julgamentos por sodomia; a maior parte dos acusados foi considerada culpada e quatro foram executados. Depois do sensacionalismo que envolveu essa série de casos, o ambiente se acalmou. Em 1729 houve apenas dois processos por sodomia, e em ambos os réus foram inocentados.

A CASA DE MAMÃE CLAP

As batidas policiais se davam em locais famosos pela frequência de homossexuais, como os arredores da Catedral de São Paulo, o Barbican, Moorfields, Cheapside, o lado sul do St. James Park, Fleet Street e, claro, Covent Garden. Mas a área de mais particular interesse era

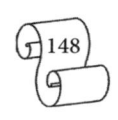

Saffron Hill, em Holborn; e o mais famoso de todos os estabelecimentos invadidos foi a *molly house* de Mamãe Clap, em Field Lane, em Holborn.

Elizabeth Clap era uma cafetina idosa cujo sobrenome provavelmente não era um nome de família, mas uma referência à sífilis. Quando sua *molly house* foi invadida pela polícia, em 1726, Thomas Newton testemunhou para salvar a própria pele. Descreveu o estabelecimento da seguinte maneira: "Tinha o caráter público de local de diversão para os sodomitas, e, para maior conveniência dos frequentadores, ela mobiliara com camas todos os aposentos de sua casa." A casa recebia de 30 a 40 clientes todas as noites e mais ainda aos domingos, sendo essa a noite mais popular da semana.

Outra testemunha chamada Samuel Stevens parece ter sido um investigador que trabalhava à paisana. Segundo ele, os clientes "se abraçavam, se beijavam e se faziam cócegas" sentados no colo uns dos outros:

> *Estive lá diversas vezes e vi vinte ou trinta deles juntos,*
> *fazendo amor, como o chamam, de modo muito indecente.*
> *Depois saíam aos pares para outros aposentos e,*
> *na volta, contavam a todos o que haviam feito juntos,*
> *a que davam o nome de "casamento".*

A própria Mamãe Clap foi levada a julgamento. Gerenciar a *molly house* era um crime muito menos grave que o de sodomia e a pena de morte não estava sequer em questão, mas ela poderia pagar uma multa, ser presa e — o mais perigoso no que se refere à sua segurança pessoal — ser exposta, presa no tronco, à fúria da população, que poderia atirar-lhe o que quisesse. Os ferimentos assim recebidos às vezes eram graves e podiam levar à morte, como aconteceu com mamãe Needham em 1731.

"DUAS MOÇAS SE BEIJANDO EM SPITALFIELDS"

As lésbicas em geral chamavam menos a atenção, mas em 1728 um compositor de canções populares imortalizou Jenny e Bess, de Spitalfields (na zona leste de Londres), dizendo: "A todos ela beija, mas só Jenny ela ama; morde-lhe a orelha e apalpa-lhe as mamas."

As irmãs Anne e Elanor Redshawe dirigiam em Tavistock Street o que chamavam de "uma Casa de Intriga extremamente discreta", onde atendiam às necessidades de "Damas da mais alta condição"; havia também o estabelecimento de "Mamãe Coragem", de Suffolk Street. Enquanto isso, relacionamentos lésbicos não eram incomuns entre prostitutas; a heroína Fanny Hill, de Cleland, foi apresentada aos prazeres da carne por uma mulher mais velha. Há ainda as referências em *Harris's List*, como, por exemplo, a Srta. Wilson, de Green Street, em Cavendish Square:

> *[...] Suas mãos e seus braços, e na verdade seus membros em geral, são mais apropriados para carregar latões de leite do que para os prazeres sutis do amor; mas, se ela não é muito estimada pelo nosso sexo, retribui-nos o cumprimento e declara com frequência que uma mulher na cama é capaz de lhe dar muito mais alegria do que ela jamais experimentou com o lado masculino da humanidade [...] Boa parte das brincadeiras que fez com pessoas do seu sexo na cama (onde é lasciva como um bode) chegaram ao nosso conhecimento [...]*

Uma cortesã italiana chamada Catarina Vizzani não teve a mesma sorte. Morreu em 1755, com um tiro, numa ocasião em que, vestida de homem, tentava fugir com uma mulher.

NÃO CHAMAR DEMAIS A ATENÇÃO

Esse padrão de tolerância tácita — baseada na ideia de que o que os olhos não veem, o coração não sente — pontuada por endureci-

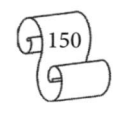

mentos ocasionais e casos de alta repercussão vigorou durante todo o século XVIII e ao longo da maior parte do século XIX.

Quando o representante de Dorset no Parlamento foi pego nas sombras da Abadia de Westminster com um soldado chamado Flower, professores universitários, clérigos e aristocratas apressaram-se em dar testemunho de sua reputação, que, no mais, era ilibada. Quando o mesmo membro do Parlamento — chamado William Bankes — foi pego novamente, desta vez com um guarda em Green Park, ele entendeu que não teria uma segunda chance e fugiu para o exterior em 1841, antes de ser processado.

Os boatos circulavam. Dizia-se que o carismático político George Canning, que foi primeiro-ministro por breve período em 1827, tinha um fraco por jovens afeminados; alguns se sentiam em casa nos *colleges* das Universidades de Cambridge e Oxford, frequentados exclusivamente por homens. Em geral, no entanto, essas histórias eram rapidamente esquecidas. Mas haviam algumas que chamavam a atenção de toda a sociedade.

OS HOMENS SÃO ASSIM MESMO?

Ernest Boulton era corretor de ações e filho de um corretor de ações. Frederick Park era filho de um juiz e trabalhava num escritório de advocacia. Amigos de infância, sempre gostaram de se fantasiar. Com vinte e poucos anos, já frequentavam a cena homossexual de Londres, onde vestiam roupas femininas e posavam de irmãs. Ernest, o mais carismático e mais bonito, era Stella; Frederick chamava-se de Fanny.

Eram ousados em seu comportamento. Flertavam com homens nos teatros, assediavam os transeuntes na Galeria Burlington e frequentavam bailes de travestis. Também parecem ter sido promíscuos. Stella viajou com um amante para Scarborough, onde foi aplaudida ao aparecer num palco vestida de mulher; a imprensa retratou o caso como uma traquinagem hilária. Tanto Fanny quanto Stella adoravam receber as atenções de homens, embora houvesse consenso de que Stella era mais convincente no papel de mulher.

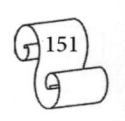

E seu comportamento de fato chamou a atenção. Quando a dupla foi presa num Teatro Strand lotado, em 28 de abril de 1870, a polícia já os vinha perseguindo havia mais de um ano. A maré da opinião pública estava virando e se inclinando mais para o conservadorismo. Afinal de contas, aquela era a época vitoriana.

Quando a polícia revistou os apartamentos de Boulton e Park em Mayfair e Buckingham Palace Road, encontrou baús cheios de vestidos, anáguas, perucas, enchimentos e uma grande quantidade de clorofórmio, usado na época como afrodisíaco leve e relaxante muscular.

Os dois foram detidos na prisão de Newgate, onde tiveram de se submeter a um exame humilhante e detalhado feito por seis médicos, que durante duas horas procuraram, por todos os meios possíveis, sinais de sodomia. Também estavam no recinto quatro carcereiros, dois ordenanças e três detetives, ao lado do advogado da dupla e uma autoridade do Tesouro Nacional, para garantir a defesa do interesse público.

Quando Boulton e Park foram finalmente levados a julgamento, em maio de 1871, o caso virou uma sensação no país inteiro. O tribunal estava lotado e os jornais debatiam diariamente o assunto. Entre as pessoas ligadas à dupla estava o Lorde Arthur Clinton, filho do Duque de Newcastle, e John Safford Fiske, cônsul americano em Edimburgo.

Cartas trocadas entre Boulton e Lorde Arthur foram lidas em voz alta no tribunal: "Na tua ausência, consolo-me encontrando quem me foda" e "Como de hábito, esqueci algumas coisas, tais como a glicerina etc., mas também não consigo encontrar aquelas fotos indecentes, que espero sinceramente não estejam espalhadas pelo teu quarto".

O Lorde Arthur morreu poucas semanas após a prisão de Boulton e Park. Na época, correu o rumor de que ele forjara a própria morte e fugira para a Europa continental. Fiske foi detido para interrogatório e quis entregar o cargo, mas foi persuadido a não o fazer, pois não seria adequado para um diplomata apresentar a própria renúncia no papel de carta da prisão de Newgate.

Os cirurgiões não encontraram nenhum indício de sexo anal, o que deixou o juiz Cockburn num dilema. Boulton e Park eram travestis confessos, mas não poderiam ser condenados por sodomia na

ausência de provas. Tampouco havia indícios de que já houvessem procurado roubar ou chantagear suas conquistas do sexo masculino, e a senhoria de Park deu testemunho de que seu inquilino não dava absolutamente nenhum sinal de imoralidade.

O juiz, ao extinguir o processo, condenou as "travessuras" da dupla como "um ultraje não somente à moral pública, mas também à decência". Não havia, porém, motivos para a condenação, de modo que Boulton e Park foram inocentados e libertados.

Um dos importantes efeitos colaterais desse caso foi chamar a atenção para algo que acontecia muito mais do que se queria reconhecer. Um policial graduado disse em 1881 a uma comissão da Câmara dos Lordes: "Pratica-se em Londres uma quantidade considerável de sodomia. É fato indisputável que há meninos e jovens assediando os passantes na rua e convidando-os a ter relações sexuais ilícitas." E isso não ocorria somente na capital. Em todo o país, a polícia descobrira adolescentes de ambos os sexos trabalhando em bordéis. Os jornais começaram a clamar que a Inglaterra estava afundando sob o peso "da imundície, da imoralidade e da doença".

OSCAR WILDE, UM HOMEM FAMOSO... E INFAME

A *cause célèbre* e o caso que mais abalou a sociedade e vendeu um número estratosférico de jornais que estampavam seus mais tórridos detalhes foi o julgamento de Oscar Wilde. A história de sua ascensão e queda é a que melhor resume o ambiente da decadência *fin de siècle*.

Ao chegar no Magdalen College de Oxford, em 1874, Wilde já assumira o estilo vistoso de vestimenta e conduta que viria a caracterizá-lo pelo resto da vida. Sob a tutela do excêntrico Walter Pater, adotou entusiasticamente o Movimento Estético e seu lema "A arte pela arte". Os "estetas" apreciavam platonicamente a beleza masculina e as tendências homossexuais não eram consideradas inaceitáveis entre eles. O pior castigo aplicado pelos estudantes mais atléticos a seus colegas afeminados consistia em tirar-lhes as calças e jogaremnos numa das fontes da universidade.

Ao formar-se em Oxford, Wilde anunciou: "Serei um poeta, um escritor, um dramaturgo. De um jeito ou de outro serei famoso, e, se não for famoso, serei infame." Foi o que aconteceu.

Como era natural, Wilde logo casou-se com Constance Lloyd e teve dois filhos com ela. Em Londres, seu brilho e seu carisma atraíram uma roda de admiradores, entre os quais um jovem chamado Robbie Ross. Em 1886, aos 17 anos, Ross abandonara a Universidade de Cambridge e desde então já sabia exatamente quais eram as suas preferências sexuais. Era dedicado a Wilde e determinou-se a seduzi-lo.

O relacionamento com Ross marcou uma mudança na vida de Wilde. Ele parece ter aceito a própria sexualidade e a partir de então não teve mais relações sexuais com Constance. Sua carreira de escritor também decolou com a publicação de *O Retrato de Dorian Gray*, em 1890, ao qual se seguiram quatro comédias que o transformaram num dos dramaturgos de maior sucesso da fase final do período vitoriano na Inglaterra.

Foi nessa época que Wilde comentou: "Eu queria comer os frutos de todas as árvores do jardim do mundo", e foi então que começou a ter múltiplos parceiros do sexo masculino. Conheceu também o Lorde Alfred Douglas, ou "Bosie". Parece que eles se tornaram amantes em 1892, mas Bosie era imprudente. Saía regularmente com michês, muitos dos quais tinham ficha policial, e mais de uma vez foi chantageado por um de seus jovens amantes. Isso aumentava em Wilde a excitação devida ao perigo, mas de qualquer modo começaram a correr boatos sobre a dupla.

A queda de Wilde sobreveio quando Bosie deu um terno usado a Alfred Wood, um dos michês. Nos bolsos do terno havia cartas apaixonadamente explícitas escritas por Wilde. Wood quis fazer chantagem e Wilde lhe pagou, mas uma das cartas foi parar nas mãos do Marquês de Queensberry, pai de Bosie. A partir de então, o destino de Wilde estava selado.

Queensberry difamou Wilde e acusou-o de sodomia. Apesar de alguns amigos, entre os quais Ross, o terem aconselhado a ignorar as

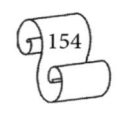

acusações, Wilde — encorajado desta vez por Bosie — processou o marquês por calúnia. No processo contra Queensberry, vieram à tona provas que não somente obrigaram Wilde a renunciar à ação como também acabaram levando-o a ser preso sob a acusação de atentado ao pudor com outros homens. No transcorrer do julgamento, em 1895, foram surgindo informações cada vez mais sensacionalistas. É um tributo a Wilde o fato de, no meio disso tudo, ele ter conseguido escrever *A Importância de Ser Prudente*.

No fim do julgamento, o juiz deu ganho de causa a Queensberry, que saiu da sala aplaudido. Wilde não estava presente. Com todos os indícios contra si, ele teve a oportunidade de fugir para a Europa continental e evitar um escândalo maior. Mas, em vez disso, optou por ficar no Hotel Cadogan, onde foi preso.

Wilde foi julgado por atentado ao pudor no Old Bailey em 26 de abril de 1895, depois de passar longos meses na prisão. O cansaço já começava a se refletir em sua aparência, e seus cabelos, normalmente compridos, haviam sido cortados de acordo com os regulamentos da prisão. Foi durante esse julgamento que ele fez um discurso que depois se tornou famoso:

> *O "amor que não ousa dizer seu nome" neste século é o grande afeto de um homem mais velho por um mais novo — como o que havia entre Davi e Jônatas, como aquele do qual Platão fez o próprio fundamento de sua filosofia, aquele que se encontra nos sonetos de Michelangelo e Shakespeare. É um afeto profundo e espiritual, tão puro quanto perfeito [...]*

Quando Wilde se levantou para ouvir o veredicto, foi informado de que o júri não conseguira chegar a uma conclusão. Marcou-se assim um terceiro julgamento, e em 24 de maio de 1895 o juiz condenou Wilde, comentando ter sido aquela a pior causa que ele já julgara e dizendo que, por isso, não tinha outra escolha senão impor ao réu "a sentença mais severa permitida pela lei". Wilde foi enviado à prisão de Reading, onde passou dois anos em trabalhos forçados.

Ao ser libertado, em 1897, partiu para o exílio na França. Com medo das repercussões, poucos de seus amigos voltaram a procu-rá-lo. Wilde nunca chegou a se recuperar plenamente do tempo que passou na prisão e morreu em Paris em 1901. Robbie Ross esteve com ele até o fim e suas cinzas depois foram colocadas no túmulo de Wilde, no cemitério Père Lachaise.

QUERIDO DIÁRIO E NOTAS A UM AMIGO

Passei muito tempo hoje na cama com minha esposa, feliz e satisfeito.
O Diário de Samuel Pepys, 6 de julho de 1662

Samuel Pepys

EM MATÉRIA DE FRANQUEZA, é difícil ganhar de quem escreve um diário. Pensamentos, opiniões, desejos, segredos e, em suma, todos os detalhes que não são geralmente publicados aos quatro ventos podem ser encontrados nas páginas de um diário. As cartas escritas por quem está longe de seu país também são, muitas vezes, surpreendentemente explícitas. Talvez isso se deva à distância, talvez ao relaxamento do pudor que geralmente acontece com quem viaja.

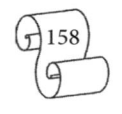

"A MENTE FAZ O HOMEM"

Este lema estava escrito em latim no *ex-libris* de Samuel Pepys, na primeira página de seu diário. A primeira entrada é a de 1º de janeiro de 1660, e Pepys registrou ali sua vida cotidiana durante quase 10 anos. Desde o começo, ele justapõe sua vida pessoal e suas opiniões a descrições da política e dos eventos no país. Seus relatos sobre a vida cotidiana da época da Restauração não têm paralelo: ele nos permite descortinar o caráter do monarca Carlos II e descreve grandes acontecimentos, como a Guerra Anglo-Holandesa, os estragos da Grande Peste de 1665 e o Incêndio de Londres de 1666. Robert Latham, editor de seus diários, comentou:

> *Foram escritos com compaixão. Para Pepys, o importante*
> *não eram os efeitos literários, mas as pessoas.*

Escrito em taquigrafia e com algumas passagens em francês e em outras línguas, é o diário de Pepys quem nos informa detalhes sobre as amantes do rei. Ele estava ali desde o começo. Em 13 de julho de 1660, comenta: "O rei e os duques estão aqui com Madame Palmer (Barbara Villiers, depois Lady Castlemaine), uma mulher bonita em cujo marido eles estão decididos a botar chifres."

No dia do casamento do rei, enquanto Barbara Villiers pendurava, desconsolada, as suas roupas no varal, Pepys escreveu: "E, no jardim privado, vi as mais finas blusas e anáguas de linho de Madame Castlemaine. Os bordados das barras são os mais belos que já vi, e muito bem me fez contemplá-los."

Pepys também viu Nell Gwyn antes que o Rei Carlos a visse. Sempre esteve de olho nas vendedoras de laranja, e a atuação de Nell no palco o impressionara. Em 1667, ele diz: "[...] vi a bela Nelly hoje, de pé à porta de seu apartamento em Drury Lane, de mangas compridas e corpete. Contemplando-a, pareceu-me extremamente bela."

Em grande medida, Pepys levava uma vida de segunda mão, centrada nas escapadelas do rei. Por outro lado, o que acontecia na corte o chocava. Ele não admirava a falta de prudência de Carlos e o fato de o rei se preocupar mais com suas amantes do que com os assuntos de Estado. Pepys era um administrador organizado e um homem de negócios astuto, e mais de uma vez se frustrou ao chegar para trabalhar e constatar que não havia papel, pois a conta do material de escritório não fora paga.

Pepys lamenta de forma bem-humorada seus fracassos e seus desejos sexuais não satisfeitos e sempre fala de si mesmo com afável franqueza. Frequentava os bordéis de Londres e tinha uma amante chamada Betty Lane, a quem visitava levando um cesto com vinho, camarões e lagosta. Isso não o impedia de olhar para outras mulheres; em particular, ele tinha uma paixão por sua criada Mary Mercer. Em 18 de abril de 1866, depois de "cortejar" várias vezes a morena Nan, "que me agrada imensamente", ele foi para casa e deitou-se para dormir, mas não antes de tocar os seios de Mercer com grande prazer. Mais tarde, descreveu-os como "os melhores que já vi na vida; essa é a verdade verdadeira".

Em meio a tudo isso, e por mais que Pepys também tenha dado suas escapadelas, ele sempre foi verdadeiramente apegado a sua esposa Elizabeth, com quem se casara em 1655. Está claro que apreciava a companhia dela e sentia falta de Elizabeth quando estavam separados. Um indício de seus sentimentos é o fato de que, quando ela morreu subitamente de febre tifoide em 1669, o diligente Pepys se afastou do trabalho por quatro semanas. Pediu desculpa aos outros políticos e aos capitães da marinha por não conseguir manter em dia a correspondência e comparecer às reuniões do conselho.

Também é Pepys quem nos informa sobre os feitos de Sir Charles Sedley, um homem muito inteligente, membro do Parlamento e libertino. Sedley era membro da chamada "gangue libertina" de cortesãos, das quais também faziam parte o Conde de Rochester e Lorde Buckhurst. Na entrada de 1º de julho de 1663, Pepys registra uma conversa sobre um incidente ocorrido na taverna Cock Inn, pertencente a Oxford Kate, quando Sedley aparecera no terraço à luz do dia e, ali,

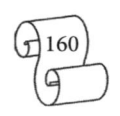

[...] mostrou sua nudez, demonstrando todas as posições da luxúria e da sodomia que poderiam ser imaginadas, e blasfemando contra as Escrituras. Depois alegou ser capaz de fabricar e vender uma poção "que faria todas as bocetas da cidade correr atrás dele". Quando a multidão se reuniu ali ao lado para assistir ao espetáculo, Sedley "pegou uma taça de vinho, enfiou nela seu membro e depois a bebeu inteira; então, pegou outra e bebeu à saúde do rei".

Sedley foi preso e severamente repreendido: "Todos os juízes o repreenderam com rigor, e o Juiz Presidente afirmou que era por causa dele, e de outros desgraçados como ele, que a ira e os juízos de Deus pairam sobre nós." Sedley foi, ainda, multado em 2.000 marcos. Banido da corte por algumas semanas para se recompor em sua casa de campo, sua carreira nada sofreu. Mais tarde, ele se tornou presidente da Câmara dos Comuns.

Sedley era um forte apoiador de Guilherme de Orange e da Rainha Maria, opondo-se ao rei católico Jaime II na Revolução Gloriosa de 1688. Ao ouvir dizer que o rei havia seduzido sua filha e a nomeado Condessa de Dorchester, ele fez um comentário famoso: "Como o rei fez de minha filha uma condessa, o mínimo que posso fazer, por simples gratidão, é ajudar a tornar sua filha [Maria] uma rainha."

"TODO JOHNSON PRECISA DO SEU BOSWELL"

James Boswell nasceu em Edimburgo em 1740 e foi advogado e escritor. É famoso por sua biografia de Samuel Johnson e por seus diários, os quais escrevia meticulosamente. Ao contrário de seu companheiro Johnson, Boswell era um *bon vivant* e um entusiasta do lado menos recomendável de Londres.

Em 19 de novembro de 1762, uma sexta-feira, o tempo estava extremamente frio, mas não o suficiente para esfriar o ânimo de Boswell:

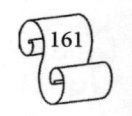

*Quando chegamos a Highgate Hill e vi Londres de cima, a
cidade toda era vida e alegria [...] Cantei canções de todo tipo
e comecei a compor uma sobre um encontro amoroso com
uma moça bonita, cujo refrão era assim: Trocamos carícias de
igual para igual, / nem ela nem eu nos demos mal.*

Em seu *Diário de Londres* de 1762–1763, ele observa que a cidade
era repleta de "todos os tipos de damas de coração livre" e que uma
"esplêndida madame" custava 50 guinéus por noite. Na rabeira da escala estavam as prostitutas de rua: "uma ninfa urbana que, de meias
brancas de linho, percorre o Strand" e "entrega sua fascinante pessoa
a vossa excelência em troca de meio litro de vinho e um xelim". Na
época, um xelim era o valor semanal do aluguel de um quarto de
porão num dos bairros mais pobres de Londres. Em 25 de março de
1763, Boswell registra:

*Estava voltando para casa esta noite quando senti o ardor
das inclinações carnais em meu organismo. Determinei-
me a satisfazê-las. Fui a St. James Park e peguei uma
prostituta. Pela primeira vez fiz uso de uma armadura
[um preservativo], que embotou minha satisfação. Quem
se submeteu aos abraços da minha paixão foi uma jovem
de Shropshire, de meros 17 anos, muito bonita, de nome
Elizabeth Parker. Coitada, sua vida é difícil!*

Poucos dias depois, em 31 de março, ele não se deu tão bem:

*À noite, fui caminhar pelo parque e peguei a primeira
prostituta que vi, com quem, sem muitas palavras, copulei
livre de perigo, estando devidamente protegido. Ela era feia
e magra e seu hálito cheirava a bebida. Não lhe perguntei
o nome. Quando terminei, ela foi embora furtivamente.
Não gostei nem um pouco dessa prática grosseira e decidi
não reincidir nela.*

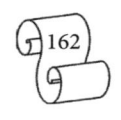

Parece evidente que ele se recuperou desse acesso de vergonha, pois em 17 de maio escreveu:

> *Saí assim às ruas como quem sai ao combate e, já no fim da rua onde moramos, peguei uma moça agradável, jovem e limpa chamada Alice Gibbs. Descemos uma rua lateral até um local aconchegante e eu quis pôr minha armadura, mas ela implorou que eu não a pusesse, pois aquele esporte era muito mais prazeroso sem ela e não havia perigo de doença. Fui imprudente, confiei nela e tivemos uma união muito agradável.*

No dia seguinte, Boswell estava preocupado com a falta de proteção na noite anterior:

> *Fiquei preocupadíssimo com o medo de ser de novo reduzido à infelicidade, e ainda de modo tão tolo. Minha benevolência de fato me sugeriu que confiasse na pobre garota; depois, no entanto, veio a fria razão e refleti: "Essas garotas são miseráveis e mentirosas, sem nenhuma moral; mesmo supondo-se que ela tenha falado aquilo com sinceridade, como ela poderia saber com certeza que não estava doente?"*

O preservativo não era, de modo algum, uma invenção nova. Os romanos faziam preservativos de couro, e os egípcios de linho, mas em 1665 o chamado Coronel Condom desenvolveu um novo método de fabricação a partir da tripa de animais. Os preservativos tinham de ser mergulhados em água para se tornarem flexíveis e, depois do uso, podiam ser lavados e reutilizados; eram presos com uma fita. Popularizaram-se mais como uma defesa contra as doenças venéreas do que para evitar a gravidez. Poucas prostitutas de rua os levavam consigo; pelo contrário, eles eram fornecidos pelos próprios clientes.

Boswell logo se esqueceu do medo da infecção e, na noite de 19 de maio, se divertiu a valer com duas moças bonitas na Shakespeare's Head, em Covent Garden:

Me encaminhei para a praça enquanto os espíritos animais fluíam-me ricamente pelas veias e um feroz desejo me abrasava [...] e então consolei minha existência com elas, uma após a outra. Eu estava muito exaltado, como se costuma dizer.

Foi para casa com o "alento vital iluminado". Como tudo isso aconteceu num quarto da taverna, Boswell classificou-o como "obscenidade de primeira classe" e não como "obscenidade de segunda classe" (se tivesse ocorrido na rua). Independentemente das classes, no entanto, ele acabou pegando gonorreia.

Em outra ocasião, Boswell quis visitar uma velha amiga. No dia 25 de março de 1768, escreveu:

Fui então a Covent Garden e, numa das praças, procurei uma jovem a quem costumava procurar quando antes vinha a Londres. Não a encontrei, mas encontrei Kitty Brookes, tão bonita e viva quanto convém às jovens. Protegi-me com óleo e desempenhei muito bem o meu papel. Nunca vi uma moça tão conhecedora do assunto. Dei-lhe apenas quatro xelins, para prova-lhe a generosidade. Ela não deu o menor sinal de descontentamento, e, pelo contrário, mostrou-se sempre alegre e delicada.

Sob diversos aspectos, Boswell é um reflexo da moral da época. Manifesta muitas vezes seu nojo pelo comportamento das prostitutas, nojo esse que talvez seja uma projeção do sentimento que ele tem por si mesmo. Às vezes se mostra chocado diante da sua própria fraqueza e da sofreguidão com que sucumbe à libertinagem. Tem um fraco pelo sexo rústico e público, que ora o excita e ora o horroriza, mas nunca reflete sobre a escala da prostituição e o imenso núme-

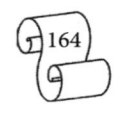

ro de mulheres obrigadas a procurar seu sustento nas ruas. Boswell condena a ideia de corromper uma menina inocente, mas alivia a consciência com o pensamento: "Quando a mulher já está corrompida, o crime é menos grave."

Boswell era membro do Clube fundado por Sir Joshua Reynolds e Samuel Johnson, cujos membros se reuniam para comer, beber, discutir literatura e debater. Também eram membros David Garrick, Edmund Burke e Oliver Goldsmith. A partir de 1764, as reuniões se realizaram na taverna Turk's Head, em Gerrard Street, no bairro do Soho, ponto muito conveniente para que, antes ou depois dos jantares, os membros fizessem uma visita às moças que viviam e trabalhavam nos arredores.

Johnson tinha opiniões muito diferentes das de seu biógrafo e companheiro. Numa noite de julho de 1763, quando a dupla caminhava pelo Strand, uma mulher se aproximou deles. Johnson recusou-a com delicadeza e conversou longamente com Boswell sobre as vidas terríveis que essas mulheres levavam, concluindo que "no todo, as relações ilícitas entre os sexos produzem muito mais infelicidade que felicidade".

E Johnson praticava o que pregava. Em sua *A Vida de Johnson*, Boswell conta que o amigo ajudou uma escocesa chamada Polly Carmichael:

> *Ao chegar em casa tarde da noite, encontrou uma pobre mulher deitada na rua, tão exausta que não conseguia andar; tomou-a nas costas e carregou-a até sua casa, onde descobriu ser ela uma daquelas infelizes que caíra nos mais profundos graus de vício, pobreza e doença.*
> *Em vez de repreendê-la com rigor, ele cuidou dela com toda a ternura durante muito tempo e a custa de muito dinheiro, até que ela recuperasse a saúde; depois, procurou direcioná-la para uma vida virtuosa.*

As coisas não saíram como se esperava. Tempos depois, Johnson confessou à sua amiga Hester Thrale que "estaríamos melhor sem ela. Poll é uma puta e uma imbecil". Em 1777, Johnson abrigava sete pessoas em sua casa. A Sra. Thrale, em suas memórias, diz que a casa dele em Bolt Court "era cheia de criaturas estranhas de todo tipo, que ele abriga por pura caridade".

Segundo Boswell, após a morte de sua esposa Tetty, em 1752, Johnson optou pelo celibato. Deplorava as "mulheres da cidade" e dizia não estar interessado nos deleites da carne. Informou o ator David Garrick (que, por sua vez, informou Boswell) de que não iria mais visitá-lo nos camarins do teatro porque "os seios brancos e as meias de seda das tuas atrizes excitam meus órgãos genitais".

CASANOVA

Seu nome é praticamente um sinônimo de "sedutor", mas isso talvez tenha mais a ver com os doze volumes das suas memórias, onde ele detalha cada uma de suas conquistas. Nascido em Veneza em 1725, era claramente uma pessoa cheia de talento e muito bem relacionada. Tornou-se abade aos 15 anos e jurista aos 16, após o que renunciou à carreira eclesiástica e se tornou, entre outras coisas, poeta, historiador, negociante, embaixador, violinista, duelista e mágico.

Foi na casa do Abade Gozzi que aprendeu a tocar o violino. Também foi ali que teve sua primeira experiência sexual, com Bettina, irmã mais nova de Gozzi. Casanova tinha 11 anos:

*A moça me deu prazer de imediato, mas eu
não sabia por quê. Foi ela que, pouco a pouco,
acendeu em meu coração as primeiras centelhas
de um sentimento que depois se tornou minha
paixão dominante.*

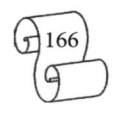

UM ELOGIO ÀS MULHERES MAIS VELHAS

Famoso por ser um dos Patriarcas dos Estados Unidos, Benjamin Franklin também foi importante escritor, teórico da política, estadista, cientista, inventor, músico e polímata. Nascido em 1706 na Milk Street, em Boston, Massachusetts, filho de um fabricante de velas, Franklin tinha orgulho de sua origem humilde.

Ganhou fama internacional por seus experimentos científicos com a eletricidade e desempenhou papel de destaque na fundação da Universidade da Pensilvânia. Diplomata, foi nomeado embaixador americano em Paris e chefiava o serviço dos Correios Britânicos nas colônias. Governador da Pensilvânia de 1785 a 1788, foi um importante abolicionista e libertou todos os seus escravos.

O texto a seguir não tem tanta importância política, mas nos permite descortinar o caráter de Franklin. É uma carta que ele escreveu na Filadélfia para aconselhar um jovem conhecido em 25 de junho de 1745:

Não conheço nenhum remédio que faça diminuir as violentas inclinações naturais que mencionas, e, se conhecesse, não o comunicaria a ti. O remédio adequado é o casamento. É ele o estado natural do homem e, portanto, aquele em que com maior probabilidade encontrarás uma alegria sólida [...]
Se não quiseres, porém, ouvir este meu conselho e continuares considerando inevitável o contato libidinoso com o sexo oposto, repito então meu conselho anterior: que, em todos os teus amores, prefiras as mulheres mais velhas às jovens.

Terás por paradoxais estas minhas palavras e indagarás das minhas razões. São estas:

1. *Elas têm mais conhecimento do mundo e têm mais informações armazenadas na mente; suas conversas são mais proveitosas e agradáveis por mais tempo.*

2. *Quando as mulheres deixam de ser belas, começam a cuidar de ser boas.*

3. *Não há perigo de filhos.*

4. *Por serem mais experientes, elas são mais prudentes e discretas.*

5. *Em todos os animais que caminham eretos, as deficiências dos fluidos vitais se manifestam primeiro nas partes superiores. O rosto é a primeira parte que fenece e perde o viço. Porém, à noite todos os gatos são pardos: o prazer do gozo corporal com uma mulher mais velha é pelo menos igual, se não for maior; toda arte é passível de ser aperfeiçoada pela prática.*

6. *Com elas, o pecado é menor. Quando se deflora uma virgem, pode-se arruiná-la e torná-la infeliz pelo resto da vida.*

7. *O remorso é menor.*

8. *Por último: elas ficam imensamente gratas!*

Franklin se baseava em sua própria experiência. Ele vivia em união estável com Deborah Read, sua namorada na infância. Ela fora persuadida a se casar com John Rogers, que fugira com seu dote e nunca mais fora localizado. Uma vez que não se sabia o que acontecera com ele, as rigorosas leis contra a bigamia proibiam que Deborah se casasse novamente. Franklin também teve um filho ilegítimo chamado William, que foi criado pelo casal. Franklin jamais revelou o nome da mãe de William.

DO AMOR E DA GUERRA

A ascensão de Napoleão ao poder foi meteórica. Habilíssimo general e mestre da tática militar, dominou a Europa continental com seus exércitos. Movido por uma ambição impiedosa, era também apaixonado em sua vida privada.

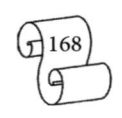

Conheceu Josefina Beauharnais em 1795, pouco depois de ser nomeado Major-General e Comandante do Exército do Interior. Ela, como ele, também era uma carta fora do baralho, pois havia nascido e sido criada no Caribe. Era seis anos mais velha que ele e, viúva, tinha dois filhos.

Não obstante, foi um caso de amor à primeira vista. Eles se tornaram amantes em poucas semanas e casaram-se em poucos meses. Quando o senado se decidiu a dar ao Primeiro Cônsul Bonaparte o título de imperador, em 1804, Josefina recebeu dele a coroa de imperatriz. Pouco depois do casamento deles, Napoleão foi conquistar a Itália e escreveu a primeira de muitas cartas de amor. O tom de suas cartas a Josefina torna menos surpreendente o fato de o manuscrito de uma novela romântica ter sido descoberto entre os papéis do grande general. Apesar da paixão e do amor evidente que os unia, entretanto, tanto Napoleão quanto Josefina tiveram amantes, provocando-se mutuamente acessos de ciúmes.

Uma das linhas mais famosas do manuscrito é: "Voltarei a Paris amanhã à noite. Não tomes banho." Mas há muitas outras:

Não passei um dia sem te amar; não passei uma noite sem te tomar nos braços; não tomei uma xícara de chá sem amaldiçoar a glória e a ambição que me mantêm tão afastado da alma da minha vida.

Não exijo nem amor eterno nem fidelidade, mas apenas a verdade, uma honestidade sem limites.

Mil beijos em teu pescoço, teus seios e abaixo disso, bem abaixo, naquela florestinha negra que tanto amo.

Mil beijos em teus olhos, tua língua, tua b—. Esposa adorada, o que fazes comigo?

*Vou dormir, minha pequena Josefina, com o coração
cheio da tua imagem adorada e doente por estar há
tanto tempo longe de ti. Mas espero que em poucos dias
esteja mais feliz e possa, com toda a calma, dar-te uma
prova do amor ardente que inspiraste em mim.*

Viver em Josefina é viver no Paraíso.

*Não te amo em absoluto; pelo contrário, detesto-te. És
uma prostituta indecente, aparvalhada, tola.*

Essa é a primeira linha da carta, a qual, porém, termina assim:

*Espero, dentro em pouco, poder esmagar-te em meus
braços e cobrir-te de um milhão de beijos ardentes como
se viessem do sul do equador.*

Em 1796, Napoleão implora a Josefina que o visite em Milão:

*Estarei só e muito, muito distante. Mas virás, não virás?
Estarás aqui a meu lado, em meus braços, meu peito,
minha boca? Cria asas e vem, vem [...]*

*Tuas lágrimas roubam-me a razão e inflamam meu
sangue. Creia-me, não está em meu poder ter um único
pensamento que não seja em ti ou um desejo que eu não
pudesse revelar-te.*

*Não me escreves mais. Não pensas mais em teu bom
amigo, ó mulher cruel! Acaso não percebes que sem ti,
sem teu coração, sem teu amor, teu marido não tem nem
felicidade nem vida? Bom Deus! Quão feliz eu seria se
pudesse ver-te enquanto te vestes, teus ombrinhos, teus
peitinhos brancos [...]*

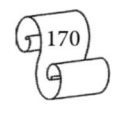

*Escrevo-te, amada, com muita frequência, e escreves
muito pouco. És má e travessa, muito travessa, tanto
quanto és inconstante.*

*Quão feliz eu seria se pudesse ajudar-te enquanto te
despes, o peitinho branco e firme, o rosto adorável, o
cabelo amarrado com uma faixa à moda crioula.
Adeus, adorável Josefina; numa noite destas, tua porta
se abrirá com grande estrondo; encontrar-me-ás então,
ciumento, em teus braços.*

Numa carta a seu irmão, Napoleão fala da diminuição do amor
que sente pela imperatriz. A carta foi interceptada pelos ingleses e
publicada em todos os jornais, tornando o imperador motivo de
chacota na Inglaterra:

*Rasgou-se o véu [...] É triste quando um mesmo coração
é dilacerado por sentimentos conflitantes por uma pessoa.
Preciso estar só. Estou cansado da grandeza; todos os
sentimentos secaram. Já não tenho zelo pela minha
glória. Aos 29 anos, tudo esgotei; nada mais me resta.*

À AMADA DO MEU CORAÇÃO

As palavras de Karl Marx, coautor do *Manifesto Comunista*, deflagraram revoluções. Mas até esse famoso filósofo alemão tinha um lado
mais gentil. Uma carta à sua esposa Jenny, datada de 21 de junho de
1856, é endereçada "À amada do meu coração". Marx declara: "Tenho
tua fotografia bem nítida à minha frente, levo-te em minhas mãos,
beijo-te da cabeça aos pés, caio de joelhos diante de ti e gemo: 'Madame, te amo.'" E toda essa paixão depois de 13 anos de casamento!

OS PRAZERES DOS BANHOS

Lady Mary Wortley Montagu não foi fazer uma viagem de turismo
nem de estudos. Viajou a Istambul em 1717 na qualidade de espo-

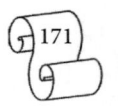

sa do embaixador britânico na Turquia e escreveu várias cartas em que descrevia com entusiasmo a vida no Oriente. Impressionou-se particularmente com os banhos públicos, onde as mulheres se encontravam:

> *Os primeiros sofás eram recobertos de almofadas e ricas tapeçarias, e neles sentavam-se as damas; no segundo, atrás delas, sentavam-se suas escravas, mas sem que houvesse qualquer distinção entre umas e outras pela vestimenta, encontrando-se todas no estado de natureza, ou seja, em idioma claro, completamente nuas, sem ocultar nenhuma beleza e nenhum defeito [...] Foi então que me convenci da veracidade de uma reflexão que faço com frequência: se fosse a moda andarmos nuas, o rosto mal seria notado. Percebi que as senhoras que mais atraíam minha admiração eram as de pele mais delicada e de mais bela figura, conquanto seus rostos fossem às vezes menos belos que o de suas companheiras.*

As mulheres conversavam e tomavam café ou sorvete; além disso, havia música e representações teatrais, além de lojas e restaurantes. Lady Mary também ficou fascinada ao assistir, nos banhos, a uma reunião de mulheres para celebrar o casamento próximo de uma delas. Observou que as casadas eram completamente depiladas, o que as distinguia das virgens solteiras, que ainda tinham pelos púbicos. Mary chamou a atenção para a absoluta falta de inibição que as mulheres demonstravam naquele ambiente.

Depois de voltar para sua vida tranquila em Twickenham, na Inglaterra, Lady Mary se tornou tema de muitas especulações. Não teria ela também tomado parte nos prazeres do harém?

UM FRANCÊS NO EGITO

Gustave Flaubert é um escritor francês renomado, conhecido por sua atenção aos detalhes e sua vívida descrição dos personagens. É lem-

brado não somente por seus romances, mas também por sua correspondência. Escrevia cartas com frequência a seus amigos, entre os quais George Sand. Grande viajante, Flaubert percorreu o Oriente Médio, a Grécia e o Egito na companhia de seu amigo Maxime du Camp, um jornalista, entre 1849 e 1850.

Nas cartas que escreveu para pessoas na França, ele é brutalmente sincero a respeito de sua própria pessoa, especialmente sua atividade sexual. Parece ter-se considerado no dever de ter todas as experiências possíveis e imagináveis, e escreveu explicitamente sobre elas. Em seu diário, Flaubert fala do seu interesse pelas prostitutas:

> *Talvez se trate de um gosto perverso, mas adoro a prostituição, e adoro-a em si mesma, desvinculada de seus aspectos carnais. Meu coração bate mais forte toda vez que vejo uma dessas mulheres em vestidos decotados caminhando na chuva à luz das lâmpadas de rua; do mesmo modo, a visão de monges com seus hábitos e a corda na cintura sempre despertou em algum canto da minha alma uma veia profundamente ascética. Tantos elementos se juntam para formar a ideia da prostituição — a luxúria, a amargura, a completa ausência de contato humano, o frenesi muscular, o tilintar do ouro — que um olhar nessa direção basta para nos dar vertigens. Aprendemos tantas coisas num bordel! Sentimos tanta tristeza, sonhamos tanto com o amor!*

Louis Bouilhet, poeta e dramaturgo, fora colega de escola de Flaubert e durante toda a vida foi seu amigo. Em 15 de janeiro de 1850, Flaubert escreveu-lhe do Cairo (onde os banhos públicos também eram lugares de destaque):

> *Aqui, isso é coisa aceita. As pessoas admitem que são sodomitas e falam sobre isso nas mesas dos restaurantes. Às vezes a pessoa nega um pouco, mas os outros a provocam e ela acaba confessando. Uma vez que estamos*

viajando para nos instruir e cumprir a missão que o governo nos deu, consideramos nosso dever entregar-nos a essa forma de ejaculação. Até agora, ainda não se apresentou a ocasião de fazê-lo. Continuamos, porém, a buscá-la. É nos banhos que tais coisas acontecem. O cliente reserva o banho para si (cinco francos, incluindo massagens, cachimbo, café, lençol e toalha) e tem relações com seu rapazinho num dos quartos.

Para completar sua viagem sensual, Flaubert depois contou que perseguiu uma das dançarinas mais famosas do Egito e especulou sobre o quanto seria gratificante "se pudéssemos ter certeza de que deixamos nela nossa lembrança, de que ela pensará em nós mais do que nos outros que lá estiveram, de que permaneceremos em seu coração".

Ao voltar, em 1850, Flaubert começou a escrever sua obra-prima *Madame Bovary*, que levou cinco anos para ficar pronta. O romance foi publicado em capítulos na *Revue de Paris*, e o governo moveu uma ação de imoralidade contra Flaubert e a revista. Ambos foram inocentados e, quando *Madame Bovary* foi lançado em forma de livro, fez enorme sucesso. Flaubert havia contraído sífilis em suas viagens e morreu em 1880, com 58 anos.

O JARDIM PERFUMADO

Sir Richard Francis Burton foi um erudito, um explorador e um orientalista. Fascinado pelo islamismo, foi o primeiro europeu a entrar na cidade proibida de Meca e na cidadela de Harar, na Etiópia, trajado com vestes árabes.

As viagens que ele fez na infância deram o tom de toda a sua vida e desde muito cedo ele demonstrou ter talento para aprender línguas. Falava 25 idiomas diferentes, mas caso se levem em conta os dialetos esse número chegava a quase 40. Publicou 43 livros sobre suas explorações e quase 30 de traduções. Foi também um dos primeiros sexólogos: aonde quer que fosse, coletava fatos acerca de costumes e

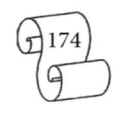

técnicas sexuais e chegou a registrar medidas dos pênis dos homens de diversas partes do mundo.

Seu interesse pelo comportamento sexual talvez tenha sido despertado durante o tempo em que esteve na Índia. Sir Charles Napier, comandante das forças inglesas no Sinde, enviou o Capitão Burton — que, na época, era um respeitado oficial do serviço secreto — para que, disfarçado, fizesse relatos detalhados acerca do centro comercial local. Em 1845, Burton foi mais uma vez enviado à paisana para investigar os bordéis homossexuais de Karachi, que se dizia serem frequentados pelos soldados ingleses. O relatório explícito de Burton resultou na destruição dos estabelecimentos, mas era tão detalhado que correram boatos de que ele mesmo utilizara os serviços dos bordéis. Esses rumores perseguiram Burton durante toda a sua vida, mas é muito possível que ele próprio não tenha se dado ao trabalho de contradizê-los. Como comentou o romancista francês Ouida, Burton "tinha um gosto byroniano por provocar as pessoas e contar-lhes histórias sobre ele mesmo que não tinham base alguma nos fatos".

Em 1885, ele publicou sua célebre tradução integral de *As Mil e Uma Noites* em dez volumes, aos quais depois acrescentou mais seis. Todas as histórias tinham um conteúdo sexual e, na época, eram tidas como material pornográfico. O último volume foi um dos primeiros textos em língua inglesa a falar sobre a prática da pederastia, que, segundo o entendimento de Burton, era disseminadíssima numa região do hemisfério sul a que Burton deu o nome de "zona sotádica", numa referência ao poeta homoerótico Sótades, da Grécia clássica.

A Lei das Publicações Obscenas, de 1857, teria impossibilitado que *As Mil e Uma Noites* fossem publicadas sem que o tradutor fosse processado e condenado à prisão mediante um pedido da Sociedade para a Supressão dos Vícios. Para contornar o problema, os livros teriam de ser distribuídos em privado aos membros de uma associação; assim, Burton e Forster Fitzgerald Arbuthnot criaram a Sociedade Kama Shastra para imprimir e publicar aqueles livros, cuja circulação fora dali estava proibida. *As Mil e uma Noites* foram impressas pela Sociedade numa edição limitada a mil exemplares, somente para membros da associação e, como seria de se esperar, com a garantia expressa de que não viria a ter uma circulação mais ampla.

Atribui-se também a Burton uma tradução do *Kama Sutra* para o inglês. O livro fora escrito em sânscrito, que ele não conhecia, de modo que a tradução foi feita em conjunto com Arbuthnot e outros eruditos. Burton traduziu ainda *O Jardim Perfumado*, a partir de uma versão francesa desse manual erótico, e estava trabalhando numa nova edição chamada *O Jardim dos Aromas* quando morreu, em 1890. Isabel, sua viúva, queimou o manuscrito juntamente com diários e outros papéis, sempre alegando a motivação de proteger a reputação do marido.

O LUGAR DA MULHER

A grande pergunta que nunca teve resposta, e a que eu próprio ainda não fui capaz de responder, apesar de meus trinta anos de pesquisa sobre a alma feminina, é: "O que quer uma mulher?"

Sigmund Freud

NO SÉCULO XIX, A OPINIÃO DOMINANTE, de viés principalmente masculino, era a de que as mulheres precisariam ser graciosas, submissas e castas, muito embora tudo isso fosse contra a natureza delas, que era a de serem emotivas, instáveis e irracionais. Mary Wollstonecraft, filósofa e uma das primeiras escritoras feministas, afirmava que os educadores do sexo masculino arruinavam as mulheres quando procuravam transformá-las em amantes decorativas, em vez de deixá-las viver como seres humanos racionais, e as obrigavam a conformar-se com a "opinião de que foram criadas para sentir e não para raciocinar". Criavam-se assim problemas de todo tipo e uma divisão imensa entre a aparência superficial de decoro assexuado e aquilo que realmente estava acontecendo.

Os banhos públicos e bordéis continuavam sendo um aspecto aceitável da vida em sociedade, o setor de literatura erótica crescia sem parar e as prostitutas e michês de rua continuavam vendendo seus serviços.

AS HISTÉRICAS

A origem da palavra histeria vem do grego, claro, e o termo médico utilizado na Grécia Clássica – *hysterikos*– se referia a uma suposta condição peculiar que era encontrada somente nas mulheres, um comportamento irracional causado pela transição do sangue do útero para o cérebro (a palavra útero em grego é *hystera*). No século XIX, muitas dessas ideias foram abandonadas e o Dr. Freud criou

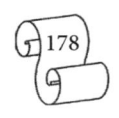

um novo postulado para a doença emocional das mulheres. Juntamente com Josef Breuer, um médico e fisiologista também de origem austríaca, Freud aventou a hipótese de que essa neurose era causada por lembranças reprimidas, criando em seus portadores estabilidades emocionais de grande intensidade. Os homens, nessa época, não conseguiam entender a mente feminina, e tampouco entendiam o funcionamento do corpo feminino; ao que parece, era algo de que eles tinham medo. Isso tudo se manifestou de modo especialmente óbvio num dos tratamentos mais aceitos para o problema cada vez mais comum da "histeria feminina". Era necessário criar um tratamento para que essas estabilidades emocionais encontrassem alguma saída no organismo, uma válvula de escape que pudesse devolver às mulheres um estado emocional mais saudável.

Todos sabem que o vibrador é uma invenção da época contemporânea e que esse assunto só passou a ser discutido abertamente depois que a atriz Kim Cattrall, em sua personagem Samantha Jones na série *Sex and the City*, apresentou o seu vibrador *rabbit*, correto? Errado. Na verdade, o vibrador foi um dos primeiros aparelhos (eletrodomésticos!) a ser produzido em versão elétrica, no fim do século XIX, em 1880, pelo Dr. Joseph Mortimer Granville, um médico inglês que buscava um tratamento contra a histeria feminina — não muito antes da máquina de costura (1889), mas bem antes do aspirador de pó (1907). Parece que as prioridades dos vitorianos estavam muito bem situadas. O primeiro vibrador eletromecânico foi desenvolvido em 1873 na França (onde mais poderia ser?) e foi testado num hospício, para tratar casos de "histeria feminina" entre as pacientes. Entretanto, a primeira patente deste aparelho foi solicitada por um médico norte-americano chamado George Taylor em 1869 (outra coincidência erótica?). Era movido a vapor, e ele o chamou "The Manipulator".

Falta de fôlego, fraqueza, insônia, nervosismo, perda de apetite por comida ou sexo, dor de cabeça, instabilidade emocional e uma "tendência de causar problemas", melancolia, agressividade, depressão, sensação de peso no abdome, dores musculares e variações bruscas de humor — todos esses problemas eram ligados ao

ciclo reprodutivo feminino, o que de certo modo não nos surpreende. No século XIX, contudo, os médicos os levavam muito a sério
e os encaravam como sintomas de uma doença chamada "histeria
feminina". O tratamento padrão era que o médico fizesse uma massagem vaginal até que a mulher alcançasse o "paroxismo histérico"
— ou seja, o orgasmo.

Uma vez que praticamente qualquer queixa poderia ser encarada
como sintoma de histeria feminina (um médico, por exemplo, redigiu um catálogo de 75 páginas com todos os sintomas possíveis),
e sendo aquela uma época em que não se considerava correto que
as mulheres respeitáveis sentissem desejo ou gostassem de sexo, não
admira que milhares de mulheres recorressem em massa aos médicos e passassem a lotar os consultórios, procurando obter um alívio
urgente para esse problema. Em meados do século XIX, no auge do
moralismo vitoriano, afirmava-se que até 25 por cento de todas as
mulheres sofriam de histeria.

Os médicos lucravam muito com o tratamento da histeria, pois
ela não punha em risco a vida das pacientes, mas exigia uma atenção constante. Por esse motivo, eles relutavam em encaminhar as pacientes para parteiras ou enfermeiras; ao mesmo tempo, a massagem
terapêutica manual era demorada e tediosa, além do que eles muitas
vezes tinham dificuldade para provocar o paroxismo histérico. Vale
observar que, na época, todos os médicos eram do sexo masculino.

Os divãs e espreguiçadeiras se popularizaram como formas de dar
algum conforto às mulheres durante as horas que às vezes eram necessárias para que chegassem ao paroxismo. Havia até salas especialmente
projetadas para esse fim, e a massagem vaginal era aceita como um pro-
cedimento médico de rotina. Para ajudar os médicos sobrecarregados,
que muitas vezes tinham mais pacientes do que lhes era possível atender,
desenvolveram-se a princípio borrifadores de água e aparelhos mecâ-
nicos usados originalmente para aliviar músculos doloridos. De início,
somente os médicos usavam esses vibradores; no entanto, à medida que
a eletricidade foi chegando às casas das pessoas, foi crescendo o mercado
de mulheres ansiosas para cuidarem elas mesmas da própria saúde.

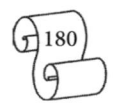

As propagandas de vibradores eram comuns entre as décadas de 1870 e 1930. No fim desse período, o despertar da consciência da sexualidade feminina fez com que esses produtos não fossem mais anunciados em público, pois já não era possível fingir que seu uso principal eram as massagens musculares e ignorar a finalidade real para a qual eram empregados.

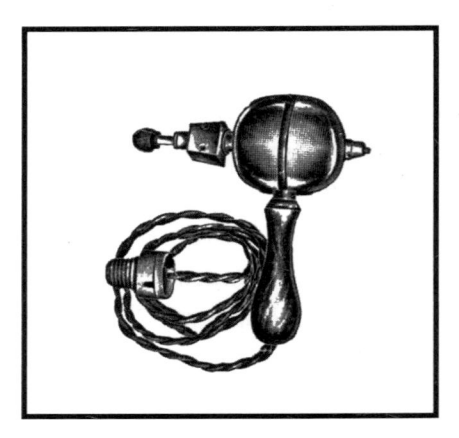

Um dos primeiros vibradores elétricos portáteis

Como dissemos na introdução deste capítulo, a histeria feminina não foi inventada no século XIX; sua história é bem antiga. A palavra em si vem do grego *hysterikos* — segundo os gregos, o útero subia em direção ao peito e aos pulmões, causando a falta de fôlego. Quem cunhou esse termo foi Hipócrates. Para ele, a causa principal do problema era a insatisfação sexual e as melhores curas eram o sexo e o casamento — embora ele também recomendasse que a mulher provocasse espirros em si mesma como uma alternativa de tratamento para o problema (!).

Cerca de cinco séculos depois, em 150 d.C., o famoso médico e filósofo romano Galeno também disse que a causa da histeria estava no útero, mas não pensava que ele se deslocasse dentro do corpo. Acreditava, ao contrário, que a falta de relações sexuais causava uma acumulação de "sêmen" feminino, que produzia vapores tóxicos. A solução que ele preconizava era mais sexo ou, para as solteiras, manipulação pélvica pelas mãos de uma parteira até que a paciente chegasse ao orgasmo. A ideia dos vapores persistiu durante séculos; mesmo na época vitoriana, não era incomum que as mulheres da sociedade e as grandes damas sofressem de vez em quando um "ataque de vapores", como se dizia, embora os médicos da época já soubessem que não havia vapor algum, apenas uma vontade louca de sexo, assunto que era extremante tabu para a época.

"BRINQUEDINHOS" PARA USO EXCLUSIVAMENTE MASCULINO

Para que os homens não se sintam excluídos, devem saber que no século XIX também se fazia propaganda de vários cintos e camas que davam choques elétricos no membro masculino, prometendo curar impotência e propiciar impressionantes ereções eletrificadas.

Um anúncio do Cinto e Suspensório Elétrico do Dr. Sanden, da Sanden Electric Company de Portland, no Oregon, perguntava: "Homens: por que vocês são fracos?" Afirmava em seguida que o cinto era uma panaceia para homens que estejam "debilitados e sofram de fraqueza dos nervos, debilidade do sêmen, impotência, perda da virilidade, reumatismo, dores nas costas, problemas nos rins, nervosismo, insônia, perda de memória e saúde fraca em geral".

RETRATO DE UM CASAMENTO EXCÊNTRICO

Poucas histórias refletem com tanta clareza os dois pesos e duas medidas que vigoravam na sociedade vitoriana e denunciam a hipocrisia de modo tão evidente quanto a de Arthur Munby e Hannah Cullwick, com seu estranho contraste entre a obsessão e o comedimento sexual.

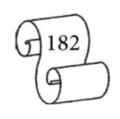

Afastei o carpete e removi o guarda-fogo. Varri as cinzas, tirei a roupa e pus um avental sobre minha cabeça e minhas costas, que depois eu não conseguiria lavar. Calcei também um velho par de botas, pois a lareira ainda estava quente. A lareira era grande; pus nela um banquinho no qual subi para alcançar a chaminé, e nela me introduzi. Havia por todos os lados uma fuligem macia e quente; me encostei nela e também levantei os braços para fazer cair a que havia acima; ela caiu sobre mim como uma chuveirada. Dentro da chaminé, parei e pensei em Massa, em como ele gostaria de me ver ao descer dali. Fora da chaminé, estava frio; entrei na água e me lavei. Levei um bom tempo para me limpar, e a água ficou preta e densa.

A limpadora de chaminés é Hannah Cullwick, faxineira e arrumadeira na casa do Sr. e da Sra. Caulfield, em St. Leonard's-on-Sea, condado de Sussex. Hannah redigiu essa descrição em 26 de abril de 1865 e enviou-a a seu amado "Massa": Arthur Munby, um funcionário público de classe média, que na época convalescia de uma queda durante uma cavalgada.

"Massa" era o nome pelo qual Hannah chamava Arthur. Trata-se de um termo incômodo, que no dialeto de Shropshire, onde Hannah nascera, equivalia à palavra *master*, "senhor de escravos". Esse apelido refletia o relacionamento particular que havia entre os dois e o prazer que Hannah sentia ao escurecer a pele com fuligem. Durante boa parte de sua vida, ela também usou uma tira de couro no pulso direito e, no pescoço, uma corrente com um cadeado do qual Munby tinha a chave. É claro que ela tomava o cuidado de esconder essas coisas por baixo de vestes comuns e sensatas.

Arthur Munby, ao morrer, deixou várias caixas cheias de diários e anotações, mas não escrevera praticamente nada acerca de sua vida profissional. A verdadeira obra da sua vida foi aquela a que ele se dedicou em seu tempo livre. Era fascinado por mulheres grandes e fortes, particularmente da classe trabalhadora, e sobretudo aquelas que se dedicavam a trabalhos sujos e que exigiam esforço. Ao sair do escritório, ele caminhava quilômetros a fio olhando para mulheres, seguindo-as, conversando com elas e perguntando-lhes sobre os detalhes de suas vidas. Desenhava-as e tomava notas sobre elas. Além disso, colecionou centenas de fotos de mineiras, cozinheiras, acrobatas, faxineiras, ordenhadoras e esposas de peixeiros. Segundo seus próprios relatos, Arthur tinha pouco interesse pelo sexo propriamente dito e sempre sustentou que seu *hobby* era completamente inocente.

Uma das mulheres que mais o excitaram foi uma "moça alta, fortíssima, de uns 18 anos, que gingava como um marinheiro". Quando Munby perguntou qual era a sua profissão, ela respondeu: "Raspo pés de porco, senhor." Essa resposta o fascinou de tal modo que ele a acompanhou até seu local de trabalho em Bermondsey, uma fábrica de cola que processava ossos e chifres de animais. Ali conheceu outra "raspadora de pés de porco" que estava "toda coberta de cal e de uma sujeira amarela de espécie desconhecida".

Em 1854, Hannah tinha 21 anos e trabalhava para Lady Louisa Cotes, que a levou a Londres. Arthur conheceu-a numa de suas caminhadas. Impressionou-se de imediato com a altura e o porte dela — tinha mais de 1,70 m e compleição robusta. Ela, por sua vez, viu-o como um perfeito cavalheiro. Os dois eram espíritos afins e logo reconheceram que precisavam um do outro.

Esse primeiro encontro ocorreu não muito tempo depois de Hannah ir ao teatro pela primeira vez. Havia assistido a um musical chamado *A Morte de Sardanapalo*, baseado numa peça de Lorde Byron. O espetáculo contava a história de um antigo rei que amava Myrrha, uma escrava que também o amava, mas que era apegada a suas crenças republicanas e democráticas. Esse relacionamento fictício parece ter tido sobre ela uma influência profunda.

No verão de 1854, eles se encontravam toda vez que Hannah tinha folga do serviço. Sobre o primeiro beijo dos dois, ela escreveu: "Foi por isso que o beijei primeiro quando você me pediu. Foi para ver como era a sua boca [...] Eu soube que você era bom sentindo

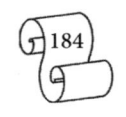

a sua boca. Jamais seria capaz de amar um homem se não gostasse da boca dele."

Para ficar próxima de Arthur, Hannah começou a trabalhar em vários lares de classe média de Londres. O relacionamento entre eles rompia com todas as normas de respeitabilidade social e teve de permanecer secreto. Aceitava-se que os patrões gozassem dos favores sexuais de suas empregadas domésticas, mas amor era uma questão completamente diferente e teria ofendido a todos, inclusive as duas famílias.

Arthur trabalhava no departamento do governo que distribuía a renda da Igreja pelas paróquias, e Hannah descreveu uma visita que lhe fez em seu escritório em 1865. Ela teve de esperar até se convencer de que não havia ninguém à vista para bater à sua porta.

> *Nos beijamos longamente [...] Lambi suas botas uma*
> *vez, sem que ele me pedisse. Tirei o vestido de cima [ela*
> *usava um vestido social sobre as roupas de trabalho],*
> *dobrei-o e escondi-o, assim como meu boné e todas as*
> *outras coisas. Então, Massa olhou para minhas mãos,*
> *veio e colocou-as ao lado das dele. As minhas eram*
> *escuras e, em comparação com as dele, calejadas.*
> *Depois disso, Massa pediu que eu o erguesse, o que fiz*
> *com muita facilidade, e carreguei-o pela sala.*
> *Depois, tive de me esconder quando o criado veio trazer*
> *o caldo de carne de Massa.*

Hannah frequentara a escola local entre os cinco e os oito anos de idade e temos de supor que havia sido boa aluna. Sob a orientação de Arthur, começou a se instruir e a frequentar aulas de literatura, biologia e conversação em francês, ao mesmo tempo em que se dedicava incessantemente aos trabalhos de faxineira. *David Copperfield* e todos os outros livros de Charles Dickens estavam entre os seus favoritos. Parte do pacto entre ela e Arthur consistia em ela escrever descrições detalhadas de seu trabalho cotidiano, prestando especial atenção ao estado de imundície em que se encontrava ao terminar suas pesadas tarefas. Quanto mais suja estivesse, mais os dois gostavam. Arthur também era fascinado pelos sotaques regionais da Inglaterra e, portanto, provavelmente sentia-se atraído pelo dialeto de Shropshire que ela falava; Hannah usava-o em seus escritos para aumentar o conhecimento dele sobre o assunto. Ao todo, Hannah escreveu 17 volumes de diários e centenas de cartas. Foi ganhando confiança ao longo dos anos, e seu estilo é claro e vívido.

Arthur tinha obsessão pelas mãos sujas de Hannah. Numa ocasião, ela besuntou as mãos com óleo e polidor de chumbo, tirou uma impressão delas e enviou-a para ele como cartão de dia dos namorados. Hannah, por sua vez, era obcecada por lamber as botas de Arthur. Chegou a sonhar com o assunto:

Num sonho, vi uma senhora cair de joelhos e lamber as botas do marido, pois ele ia sair em viagem. Então pensei: se ela faz isso por amor, não devo considerar grande coisa que eu mesma lamba as botas de Massa. Vou fazer isso ainda mais. Pensei em quando fui visitá-lo, como costumava fazer aos domingos, me ajoelhei e lambi suas botas tantas vezes e com tamanha alegria que Massa ficou se perguntando o que aquilo queria dizer.

Quanto mais sujas as botas, mais Hannah gostava. Estrume de cavalo era um de seus sabores prediletos, e ela afirmava ser capaz de dizer onde Massa estivera só pelo gosto de suas botas.

Hannah Cullwick, vestida como limpadora de chaminés, em 1862

Quando ela fez 31 anos, dez anos após seu primeiro encontro, Arthur levou Hannah a um fotógrafo. Antes da sessão, Hannah cumpriu suas tarefas mais sujas para ficar o mais imunda possível. Vestida com as roupas de trabalho e usando um avental pesado, ela parou num bar a caminho do ateliê do fotógrafo. Misturando-se com a clientela, bebeu quase meio litro de cerveja de uma caneca da qual um operário acabara de beber. Na foto, Hannah olha confiante para a câmera. De mangas arregaçadas para evidenciar seus bíceps e a tira de couro no pulso, ela finge limpar botas. Ao que parece, Arthur e Hannah ficaram decepcionados com o resultado, pois nas fotos ela não parece suja o suficiente.

Uma foto de Hannah tirada em 1862, em que ela aparece vestida como limpador de chaminés e com a pele escura de tanta fuligem, chegou mais perto do ideal. Em seu diário, ela escreveu: "Quanto mais rústica a aparência, melhor."

Hannah ficava acordada até tarde para escrever seus diários e cartas, e ao mesmo tempo cuidava para que absolutamente ninguém descobrisse para quem os escrevia. Depois da sessão de redação, ia ao quarto das criadas, no sótão, onde partilhava uma cama com outra empregada. Ao fim de seis horas de sono, começava outro dia de trabalho, todos os detalhes do qual seriam relatados em mais uma carta. O tema favorito de todas elas era o quanto Hannah estava suja. Quando o encontrava em seu apartamento da Fig Tree Court, no bairro de Inner Temple, Hannah fingia estar trabalhando, e para tanto vestia as roupas de serviço:

> *Depois de nos amassarmos um pouco, Massa me*
> *perguntou se eu queria escurecer meu rosto e eu disse*
> *sim. Então, peguei o polidor de chumbo e o óleo,*
> *ajoelhei-me entre os joelhos dele e ele esfregou a mistura*
> *na minha cara até que eu parecesse uma mulher negra,*
> *como parecia na primeira vez em que Massa veio me ver*
> *no quartinho onde eu morava.*

Quando os dois estavam juntos, Hannah costumava carregar Arthur ou sentá-lo em seu colo. Apesar da aparência de subserviência, Hannah sempre foi ferozmente independente e, sob vários aspectos, era ela quem ditava os termos do relacionamento. No decorrer da vida, ela trabalhou em várias funções, mas parece ter preferido os serviços mais sujos e pesados. Não tinha desejo algum de se parecer com uma *lady* e Arthur levou algum tempo para convencê-la a se casar com ele. Ela explicou que o amava, mas considerava que o amor deles era especial e diferente do das outras pessoas; o casamento era desnecessário.

De qualquer modo, eles se casaram em segredo em 1873. A família de Hannah sabia, mas a de Arthur não foi informada. Ela foi morar em Fig Tree Court, onde atuava como empregada doméstica para preservar o verniz de respeitabilidade social e esconder a verdade sobre o relacionamento de ambos. Hannah conservou seu próprio

sobrenome e insistiu para que Arthur lhe pagasse um salário. Era só nas viagens ao exterior que ela, com relutância, se vestia como uma dama e fazia o papel de esposa. No verão, voltava a Shropshire para ajudar os parentes.

Em 1877, ela parece ter sofrido uma espécie de colapso e foi ficar com sua família. Quando se recuperou, voltou a trabalhar como doméstica, mas em Shropshire. Depois de certo tempo, Arthur passou a visitá-la regularmente até quando ela morreu, em 9 de julho de 1909, aos 76 anos de idade. Hannah passara os últimos seis anos de vida morando numa casinha alugada próxima à residência de seu irmão, em Shifnal, condado de Shropshire. Em sua lápide, na igreja de St. Andrews, lê-se: "Durante trinta e seis anos de amor puro e contínuo, ela foi a legítima esposa de Arthur Munby, de Clifton Holme, no *Wapentake* de Bulmer."

Arthur morreu no mês de janeiro seguinte, aos 81 anos. *Relicta*, sua última coletânea de poemas, publicada em outubro de 1909, foi dedicada "À graciosa e amada memória DAQUELA cuja mão copiou e cujo vitalício afeto inspirou tudo o que há de melhor neste livro." Pouco antes de morrer, ele confessou ao irmão que fora casado com Hannah.

Em seu testamento, Arthur legou seus livros e duas caixas de diários, anotações e fotografias ao Museu Britânico, o qual, porém, não os aceitou. O material foi guardado então no Trinity College de Cambridge; Arthur deixara a instrução de que nada fosse aberto até 1950, 77 anos após seu casamento com Hannah. A sobrinha-neta de Hannah pediu para estar presente quando da abertura das caixas, mas lhe disseram que se tratava de um assunto particular, reservado à família.

Assim, tudo continua como sempre foi. Nos primeiros anos do século XX, Oscar Wilde morreu exilado nos braços de Robbie Ross, enquanto a lembrança de seu julgamento e o choque do que ali se revelara continuavam vivos na mente do público. Arthur Munby e Hannah Cullwick gozaram de um casamento nada convencional; e as amizades femininas de Eduardo VII eram objeto de fofocas e especulações.

As pessoas e os detalhes podem mudar um pouco e os graus de liberdade de expressão e liberdade sexual são muito diferentes nos diversos lugares do mundo, mas não há nada de novo ou de moderno na obsessão atual pelo sexo e pelos segredos que ficam por trás de quatro paredes, ou não. A televisão e a internet podem até dar a qualquer pessoa seus 15 minutos de fama, mas as paixões e obsessões que movem a alma humana continuam exatamente as mesmas. Apenas seus veículos de expressão mudaram.

O desejo sexual é um dos instintos mais básicos do ser humano — assim como o interesse em saber exatamente o que as outras pessoas estão fazendo ou deixando de fazer com relação a este assunto tão fascinante, e até certo ponto ainda misterioso, porque sempre existe algo a ser descoberto, redescoberto ou utilizado de uma forma completamente diferente do usual quando o assunto é a complexa sexualidade humana.

Será que realmente importa o que essas pessoas apaixonadas fazem — desde que não o façam nas ruas e não chamem demais a atenção?

Sra. Patrick Campbell

BIBLIOGRAFIA

Arnold, Catherine, *City of Sin*, Simon & Schuster, 2010.

Aronson, Theo, *The King in Love: Edward VIII's Mistresses*, Corgi, 1989.

Atkinson, Diane, *Love and Dirt, The Marriage of Arthur Munby & Hannah Cullwick*, Macmillan, 2003.

Boswell, James, *The Journals of James Boswell, 1761–1796*, org. John Wain, Heinemann, 1990.

Boswell, James, *The Life of Samuel Johnson*, vols. 1 & 2, Odhams Press.

Boswell, James, *London Journal, 1762–1763*, org. Frederick A. Pottle, Heinemann, 1950.

Burford, E.J., *Bawds & Lodgings*, Peter Owen, 1976.

Burge, James, *Abelard & Heloise*, Harper One, 2006.

Casanova, Giacomo, trad. inglesa de Willard R. Trask, *The History of My Life*, 12 vols., Longman, 1971.

Chaucer, Geoffrey, *The Canterbury Tales*, Penguin Classics, 2003.

Cruikshank, Dan, *The Secret History of Georgian London*, Random House, 2009.

Dabbhoiwala, Faramerz, *The Origins of Sex, A History of the First Sexual Revolution*, Allen Lane, 2012.

Ellman, Richard, *Oscar Wilde*, Vintage, 1988.

Fabricius, Johannes, *Syphilis in Shakespeare's England*, J. Kingsley, 1994.

Flaubert, Gustave, trad. inglesa de Francis Steegmuller, *Flaubert in Egypt*, Bodley Head, 1972.

Fraser, Lady Antonia, *Love & Louis XIV: The Women in the Life of the Sun King*, Orion, 2006.

Fraser, Lady Antonia, *King Charles II*, Phoenix, 2002.

Gibbon, Edward, *The Decline & Fall of the Roman Empire*, Wordsworth Editions, 1998.

Gibson, Ian, *The English Vice: Beating, Sex & Shame in Victorian England and After*, Duckworth, 1978.

Herman, Eleanor, *Sex With Kings*, Harper Perennial, 2004.

Latham, Robert, org. *The Shorter Pepys*, Bell & Hyman, 1985.

Le Roy Ladurie, Emmanuel, trad. inglesa de Barbara Bray, *Montaillou: The Promised Land of Error*, George Braziller, 2008.

Linnane, Fergus, *London the Wicked City*, Robson Books, 2003.

Love, Brenda, *The Encyclopedia of Unusual Sex Practices*, Abacus, 2012.

McKenna, Neil, *Fanny & Stella: The Young Men Who Shocked Victorian England*, Faber, 2013.

Mitford, Nancy, *Madame de Pompadour*, Vintage Classics, 2011.

Mitford, Nancy, *The Sun King*, Vintage Classics, 2011.

Norwich, John Julius, *Absolute Monarchs: A History of the Papacy*, Random House, 2012.

Paoli, Ugo Enrico, *Rome, Its People, Life & Customs*, Bristol Classical Press, 1992.

Parissien, Steven, *George IV*, St Martin's Press, 2001.

Parker, Geoffrey, *At the Court of the Borgia*, Folio Society, 1963.

Picard, Liza, *Dr Johnson's London*, Weidenfeld & Nicolson, 2000.

Picard, Liza, *Elizabeth's London: Everyday Life in Elizabethan London*, Weidenfeld & Nicolson, 2003.

Picard, Liza, *Restoration London: Everyday Life in the 1660s*, Phoenix, 2004.

Potter, D. S. e D. J. Mattingly, org., *Life, Death & Entertainment in the Roman Empire*, University of Michigan, 1999.

Quennell, Peter, *London's Underworld: Being Selections from Henry Mayhew*, Spring Books, 1950.

Roberts, Andrew, *Napoleon & Wellington: The Long Duel*, Phoenix, 2003.

Roberts, Nickie, *Whores in History: Prostitution in Western Society*, Harper Collins, 1993.

Rochester, John Wilmot, Earl of, *The Complete Poems*, org. David M. Vieth, Routledge & Keegan Paul, 1953.

Rubenhold, Hallie, org. *Harris' List*, Transworld Publishers, 2012.

Shelton, Jo-Ann, *As the Romans Did*, Oxford University Press, 1988.

Tannahill, Reay, *Sex in History*, Sphere Books Ltd, 1989.

Tomalin, Claire, *Samuel Pepys: The Unequalled Self*, Viking, 2002.

Waller, Maureen, *1700: Scenes from London Life*, Sceptre, 2001.

Weir, Alison, *The Six Wives of Henry VIII*, Vintage, 2007.

Weis, René, *The Yellow Cross – the Story of the Last Cathars 1290–1329*, Penguin, 2001.

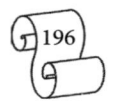

Wilson, Mary, *Venus Schoolmistress*, 1877.

Zacks, Richard, *History Laid Bare: Love, Sex & Perversity from the Ancient Etruscans to Lawrence of Arabia*, Michael O'Mara Books, 1995.

Na internet:

http://www.medievalists.net

http://www.ocp.hul.harvard.edu/contagion/syphilis

http://victorianlondon.org

AGRADECIMENTOS

Gostaria de agradecer particularmente a Diane Atkinson, por ter me apresentado ao mundo estranho, mas fascinante, de Hannah e Arthur; ao meu marido Trevor, cujo interesse permanente por Johnson, Boswell e a vida que ambos viviam na Londres de sua época serviu de ponto de partida para muitas histórias; e, por fim, a todo o pessoal da Michael O'Mara, especialmente Louise Dixon, por terem me contratado para escrever este livro: garanto-lhes que aprendi muito.

CRÉDITOS DAS IMAGENS

LUCRÉCIO: Imagem cortesia da Thomas Fisher Rare Book Library, Universidade de Toronto

PRÍAPO: Clipart.com

NERO: IStockphoto.com

COCK LANE: Ted West / Central Press / Getty Images

CINTO DE CASTIDADE (ambas as imagens): Clipart.com

ULRICH VON LIECHTENSTEIN: Prisma / UIG / Getty images

FLAGELADORES: Clipart.com

MADAME DE POMPADOUR: Frontispício de *Madame la Marquise de Pompadour*, de M. Capefigue, 1860, baseado numa pintura de Maurice Quentin de la Tour, 1755 (exposta no Museu do Louvre, Paris)

CATARINA, A GRANDE: Popperfoto / Getty Images

TATUAGEM (guerreiros): Hulton Archive / Getty Images

BANHO PÚBLICO: Library of Congress (LC-USZ62-132976)

Conheça outros títulos da editora em:
www.editoracultrix.com.br